新时代之问

关于共同富裕的答问

中共中央党校（国家行政学院）“中国特色社会主义共同富裕”课题组

刘素华 谢义亚 | 著

中央党校出版集团
国家行政管理出版社
NATIONAL ADMINISTRATION PRESS

图书在版编目（CIP）数据

关于共同富裕的答问 / 刘素华，谢义亚著 . —北京：国家行政管理出版社，2022.1

ISBN 978-7-5150-2594-0

Ⅰ . ①关… Ⅱ . ①刘… ②谢… Ⅲ . ①共同富裕—中国—学习参考资料 Ⅳ . ① F124.7

中国版本图书馆 CIP 数据核字（2021）第 253062 号

书　　名 关于共同富裕的答问
GUANYU GONGTONG FUYU DE DAWEN
作　　者 刘素华　谢义亚
统筹策划 陈　科
责任编辑 刘　锦　曹文娟　陆　夏
出版发行 国家行政管理出版社
（北京市海淀区长春桥路 6 号　100089）
综 合 办（010）68928903
发 行 部（010）68922366　68928870
经　　销 新华书店
印　　刷 北京盛通印刷股份有限公司
版　　次 2022 年 1 月北京第 1 版
印　　次 2022 年 1 月北京第 1 次印刷
开　　本 155 毫米 ×230 毫米　16 开
印　　张 7.5
字　　数 65 千字
定　　价 25.00 元

共同富裕是社会主义的本质要求，是中国式现代化的重要特征。我们说的共同富裕是全体人民共同富裕，是人民群众物质生活和精神生活都富裕，不是少数人的富裕，也不是整齐划一的平均主义。

——习近平《扎实推动共同富裕》（2021 年 8 月 17 日）

新时代之问

出版说明

党的十八大以来，中国特色社会主义进入新时代，开启新征程。诚如马克思所指出的，“问题就是时代的口号，是它表现自己精神状态的最实际的呼声”，新时代就要解决新问题。

为回应新时代背景下广大党员、干部、群众特别关心、迫切需要解答的现实问题，我社特推出“新时代之问”系列答问读物，邀请相关领域权威专家学者，针对党的十八大以来我国在经济、政治、文化、社会、生态等领域重大问题进行专题解答。“新时代之问”秉承解决真问题、真解决问题的初衷，力求《答问》提出的问题和分析解答有助于广大党员、干部深刻领会把握习近平新时代中国特色社会主义思想的精神实质、核心要义、丰富内涵和实践要求，把学习成果转化为推动工作的强大动力和生动实践。为实现社会主义现代化强国目标和中华民族伟大复兴凝心聚力！

前　言

马克思说："问题就是公开的、无畏的、左右一切个人的时代声音。问题就是时代的口号，是它表现自己精神状态的最实际的呼声。"[①] 习近平总书记在担任浙江省委书记时在《之江新语》中引述过这段话，并阐释道："只有立足于时代去解决特定的时代问题，才能推动这个时代的社会进步；只有立足于时代去倾听这些特定的时代声音，才能吹响促进社会和谐的时代号角。"[②]

中共中央党校（国家行政学院）"中国特色社会主义共同富裕"课题组于2021年4月、6月赴安徽、江西、浙江等地调研，在嘉兴认真学习《之江新语》，深入领会马克思的名言和习近平总书记的阐释。在调研过程中，既注

① 《马克思恩格斯全集》第40卷，人民出版社1982年版，第289-290页。
② 习近平：《之江新语》，浙江人民出版社2007年版，第235页。

意了解嘉兴的基本情况，总结嘉兴的实践经验，又注意了解嘉兴面临的问题，提出解决问题的思路。6月下旬完成调研报告时，我们立足于时代发展，对看到、听到、了解到的问题以及相关的思考和建议，作了归纳，上报并印发内刊，供领导参考。随后，我们继续关注社会上关于共同富裕的讨论，继续关注浙江嘉兴等地在促进共同富裕方面的进展，同时，继续关注中央层面对促进共同富裕的指导和有关方面的意见，继续深化研究。

2021年8月17日，习近平总书记主持召开中央财经委员会第十次会议，发表《扎实推动共同富裕》重要讲话（以下简称习近平总书记“817”重要讲话）[①]。2021年秋季入学的中共中央党校学员认真学习习近平总书记“817”重要讲话，大家认为讲话内涵丰富、意义重大、指导性很强，同时，也提出一些相关问题希望老师解疑释惑。我们看到相关问题之后，感到所提问题有深度，具有代表性、普遍性。作为专题研究“中国特色社会主义共同富裕”的课题组，责无旁贷，应敢于担当。我们对学员所提问题进行梳理，按照内在逻辑进行排序、分解，形成21个问题。虽然这些问题并没有涵盖有关共同富裕的所有问题，但却是受到普遍关注的热点问题和基本问题。针对这些问题，

① 习近平：《扎实推动共同富裕》，《求是》2021年第20期。

我们查阅大量著作和资料，努力把问题看透、想透、说透。在答题过程中我们感到，所提问题涉及我们党和国家的历史，涉及世界社会主义发展史，涉及马克思主义基本理论，涉及正在推动的共同富裕实践，要在比较短的时间里全面、准确、深入地回答学员提出的全部问题，是十分不容易的。为了扎实推动共同富裕，我们努力为答好问题提供一些资料和观点，写作这本小册子，与关心这些问题的同志们分享阶段性研究成果。[①] 限于水平、能力、时间和掌握的资料，文中有的问题还没有展开回答，有的还缺乏研究深度，还有诸多不尽如人意之处，敬请读者理解和谅解，也欢迎批评指正，以期展开讨论，进一步深化研究。

这本小册子临近完稿时，《中共中央关于党的百年奋斗重大成就和历史经验的决议》（以下简称《决议》）正式公布，我们认真学习《决议》，把答问与《决议》对标，尽力完善书稿。《决议》指出："党之所以能够领导人民在一次次求索、一次次挫折、一次次开拓中完成中国其他各

① 中共中央党校（国家行政学院）"中国特色社会主义共同富裕"课题组于 2021 年 4 月到安徽、江西、浙江等地调研，5 月下旬形成调研报告初稿，6 月初再赴浙江嘉兴调研，6 月下旬完成调研报告上报并印发内刊。随后，课题组结合社会和学员普遍关注的问题继续研究，有针对性地解答问题，11 月初完成本书稿，形成中期研究成果。

种政治力量不可能完成的艰巨任务，根本在于坚持解放思想、实事求是、与时俱进、求真务实，坚持把马克思主义基本原理同中国具体实际相结合、同中华优秀传统文化相结合，坚持实践是检验真理的唯一标准，坚持一切从实际出发，及时回答时代之问、人民之问，不断推进马克思主义中国化时代化。”[①]这段话讲得很深刻、很准确、很到位。遵循“及时回答时代之问、人民之问”的精神，我们尽快完成书稿，为推进中国特色社会主义共同富裕伟大事业添砖加瓦、尽绵薄之力。

我们感谢安徽、江西、浙江特别是嘉兴为调研提供的帮助和支持！各地调研使我们获得大量第一手材料，在嘉兴与市委书记张兵同志两次深入交谈，召开10多场各级干部群众参加的座谈会，走访20多个村、社区，为开展研究工作奠定比较扎实的实践基础。我们感谢本书引用材料的作者！引用材料加深我们对有关问题的认识，为展开研究工作奠定比较扎实的理论基础。需要申明的是：引用不当之处由我们负责，与材料作者无关。我们感谢浙江红船干部学院对课题组的帮助和支持，感谢《学习时报》、中央党校出版集团、国家行政管理出版社领导的建议和支

① 《〈中共中央关于党的百年奋斗重大成就和历史经验的决议〉辅导读本》，人民出版社2021年11月版，第75–76页。

持，感谢编辑、校对同志们付出的辛劳！特别是出版社将书稿原书名“关于共同富裕的问答”改为“关于共同富裕的答问”，一词之改，呼应《决议》，回应时代，实乃点睛之笔！

目　录

01　第一个问题
“共同富裕”的内涵是什么？

16　第二个问题
对“共同富裕”的认识和理解上，有哪些需要避免的误区？

21　第三个问题
共同富裕要不要有一个时间表、路线图？

24　第四个问题
共同富裕什么时候最终实现？

28　第五个问题
推进共同富裕需要着重解决哪些问题？

30 / 第六个问题
如何理解和把握促进共同富裕的现实路径？

34 / 第七个问题
中央在国家层面缩小地区差距、城乡差距、居民收入差距，推进共同富裕有哪些创新性、突破性举措？

40 / 第八个问题
如何理解第三次分配促进共同富裕的内涵？

44 / 第九个问题
“高质量发展”有哪些具体的标准和要求？

49 / 第十个问题
如何在高质量发展过程中促进共同富裕？

55 / 第十一个问题
如何理解乡村振兴在共同富裕中的地位和作用？

60 / 第十二个问题
在共同富裕过程中如何解决城乡要素有序流动问题？

64 / 第十三个问题
如何才能让农民真正进城，同时城里人也能真正到农村？

67 第十四个问题
共同富裕能不能像脱贫攻坚那样确定一个标准？

68 第十五个问题
如何理解“全体人民共同富裕是一个总体概念”？

71 第十六个问题
为什么要“加快构建推动共同富裕的综合评价体系”？

74 第十七个问题
评价共同富裕实现程度的主要经济指标有哪些？

76 第十八个问题
“橄榄型分配结构”到底应该是什么比例？

79 第十九个问题
如何理解“扩大中等收入群体”？

83 第二十个问题
我们所说的共同富裕，与卢森堡等世界最富有国家或高社会福利国家的所谓“全民福利”有何不同？

89 第二十一个问题
如何理解“我们所说的共同富裕”是“中国特色社会主义共同富裕”？

第一个问题

“共同富裕”的内涵是什么？

对“共同富裕”的具体内涵，可以从多学科、多角度来理解，应当从历史与现实的结合上来把握。

从语言学分析，“共同富裕”是由“共同”和“富裕”组成的复合词。“共同”作为形容词，是“大家都有的、彼此相同的”意思，如共同语言、共同爱好；作为副词，“共同”是“大家一起（做）”的意思，如共同努力、共同奋斗。“富裕”作为形容词，是“（财物）富足充裕”的意思，如生活富裕；“富裕”作为动词，是“使富裕”的意思，如发展生产，富裕人民。“共同富裕”作为合成的形容词，描述的是大家都具有的财物富足充裕的状态；作为合成的动词，是说大家一起使财物丰富、充裕起来。“全体人民共同富裕迈出坚实步伐”中的“共同富裕”是动词性质的合成词，“全体人民共同富裕基本实现”中的“共同富裕”是形容词性质的合成词。[1]

从政治经济学分析，“共同富裕”可以从生产力、生产关系两个维度来理解。“共同”反映的是社会成员对于社会财富的占有方式，是相对于私有制导致的两极分化而言，是社会生产关系高度发展的集中体现；“富裕”反映的是社会成员对于社会财富的占有程度，是相对于贫穷而言，是社会生产力高度发展的集中体现。因此，“共同富裕”是反映社会生产力和社会生产关系两个方面高度发展的范畴。

从我国历史上看，“均贫富、等贵贱”“小康”“大同”等观念影响深远。北宋王小波、李顺在发动农民起义时曾说，“吾疾贫富不均，今为汝均之”，提出“均贫富”的口号。到北宋末年金兵南侵时，义军首领王善说，“天下大变,乃贵贱贫富更替之时”，这就在“均贫富”之外，增添了“等贵贱”的内容。南宋农民起义领袖钟相、杨幺更明确提出“等贵贱，均贫富”的口号。“均贫富”是针对以封建土地所有制为基础所形成的财富分配不均提出来的，“等贵贱”是针对封建等级差别提出来的，具有反对封建制度的历史意义。“均贫富、等贵贱”否定维护封建制

① 参见《现代汉语词典》关于“共同”和“富裕”的解释，商务印书馆2016年版第458页、第413页。

度的“死生有命、富贵在天”的天命观，成为农民起义的旗帜。

“小康”一词最早出现在西周，《诗经》中有“民亦劳止，汔可小康”，这里的“小康”是生活比较安定的意思。宋人洪迈《夷坚志》中有“久困于穷，冀以小康”，这里的“小康”是指家庭经济比较宽裕。儒家把仅次于“大同”的社会称为“小康”，《礼记》对“小康”的描绘是：“今大道既隐，天下为家，各亲其亲，各子其子，货、力为己，大人世及以为礼，城郭沟池以为固，礼义以为纪，以正君臣，以笃父子，以睦兄弟，以和夫妇，以设制度，以立田里，以贤勇知，以功为己。故谋用是作，而兵由此起。禹、汤、文、武、成王、周公，由此其选也。此六君子者，未有不谨于礼者也，以著其义，以考其信，著有过，刑仁讲让，示民有常。如有不由此者，在势者去，众以为殃。是谓小康。”[①] 由上可以看到，“小康”一词的含义是相当丰富的。

《礼记》对“大同”也作了描绘：“大道之行也，天下为公，选贤与能，讲信修睦。故人不独亲其亲，不独子其子，使老有所终，壮有所用，幼有所长，矜寡孤独废疾者，皆有所养。男有分，女有归。货，恶其弃于地也，不

① 郭齐勇解读《礼记（节选）》，科学出版社 2020 年版，第 178–179 页。

必藏于己；力，恶其不出于身也，不必为己。是故谋闭而不兴，盗窃乱贼而不作，故外户而不闭。是谓大同。”[①]“大同”是古人对美好社会的向往，“天下为公”“老有所终，壮有所用，幼有所长，矜寡孤独废疾者，皆有所养”等观念一直影响至今。

从我们党的历史看，对“共同富裕”的认识不断深化、不断丰富。我们党在诞生之时，就把为中国人民谋幸福、为中华民族谋复兴确立为自己的初心使命。我们党的第一个纲领明确提出要把工人、农民和士兵组织起来，并确定党的根本政治目的是实行社会革命。[②]我们党在带领人民组织多种形式合作社的过程中，对“共同富裕”作了最初阐述。1943 年 10 月 14 日，毛泽东同志在西北高干会上作报告讲到生产问题时，比较集中地讲了合作社问题，讲了发展多种形式的合作社对于“共同富裕”的重要意义。他说：“我愿各地同志注意提倡合作社的生产。部队机关学校的生产是一种合作社，农村中的集体互助劳动又是一种合作社，以外的还有包含各种业务在内的综合性合作社，如运盐队的运输合作社，工人们集体互助的手工业

① 郭齐勇解读《礼记（节选）》，科学出版社 2020 年版，第 176–177 页。

② 中共中央党史研究室：《中国共产党历史》第一卷（1921—1949）上册，中共党史出版社 2002 年版，第 68 页。

合作社，把这许多样式的合作社都发展起来，全体公私群众就会变为富裕的了，在敌后各根据地的目前困难状况，也就能够克服了。”[①] 这里讲的“全体公私群众就会变为富裕”是目前查到的最早、最接近现在讲的“全体人民共同富裕”的表述。1943 年 11 月 29 日，毛泽东同志在招待陕甘宁边区劳动英雄大会上的讲话中进一步指出：“我们有了人民群众的这四种合作社，和部队机关学校集体劳动的合作社，我们就可以把群众的力量组织成为一支劳动大军。这是人民群众得到解放的必由之路，由穷苦变富裕的必由之路，也是抗战胜利的必由之路。”[②] 这里讲了发展多种形式合作社的重大意义，是实现“共同富裕”的必然选择、必由之路。

新中国成立不久，我们党就把“共同富裕”确立为奋斗目标。1953 年 12 月 16 日通过的《中国共产党中央委员会关于发展农业生产合作社的决议》指出：“为着进一步地提高农业生产力，党在农村中工作的最根本的任务，就是要善于用明白易懂而为农民所能够接受的道理和办法去教育和促进农民群众逐步联合组织起来，逐步实行农业的

① 《当代中国农业合作化》编辑室：《建国以来农业合作化史料汇编》，中共党史出版社 1992 年版，第 6 页。
② 《当代中国农业合作化》编辑室：《建国以来农业合作化史料汇编》，中共党史出版社 1992 年版，第 7 页。

社会主义改造，使农业能够由落后的小规模生产的个体经济变为先进的大规模生产的合作经济，以便逐步克服工业和农业这两个经济部门发展不相适应的矛盾，并使农民能够逐步完全摆脱贫困的状况而取得共同富裕和普遍繁荣的生活。”[①] 这是目前查到的在党的中央文件中最早提出的关于“共同富裕”的表述。这个决议是在 1951 年 12 月所作的《中共中央关于农业生产互助合作的决议（草案）》的基础上，根据毛泽东同志 1953 年 10 月、11 月关于农业互助合作的两次谈话精神起草的，第三次农业互助合作会议讨论了这个决议草案。会后，在毛泽东同志主持下又作了修改，12 月 16 日经中共中央正式通过，于 1954 年 1 月 9 日公布。[②] 可见，“共同富裕”是以毛泽东同志为主要代表的中国共产党人首先提出并加以推动的。诚然，那时的生产力发展水平还很低、经济还很困难、人民还很贫穷、城乡还不繁荣，但那时就提出“共同富裕和普遍繁荣”，明确了奋斗目标和努力方向。

党的十一届三中全会以后，进入改革开放和社会主义现代化建设新时期，以邓小平同志为主要代表的中国共

① 《当代中国农业合作化》编辑室：《建国以来农业合作化史料汇编》，中共党史出版社 1992 年版，第 171 页。

② 中共中央文献研究室：《毛泽东传（1949—1976）》（上），中央文献出版社 2003 年版，第 362 页。

产党人继续探索中国建设社会主义的正确道路，不断解放和发展社会生产力，努力使人民摆脱贫困、尽快富裕起来。邓小平同志在党的十一届三中全会上提出："在经济政策上，我认为要允许一部分地区、一部分企业、一部分工人农民，由于辛勤努力成绩大而收入先多一些，生活先好起来。一部分人生活先好起来，就必然产生极大的示范力量，影响左邻右舍，带动其他地区、其他单位的人们向他们学习。这样，就会使整个国民经济不断地波浪式地向前发展，使全国各族人民都能比较快地富裕起来。"[①]邓小平认为"这是一个大政策，一个能够影响和带动整个国民经济的政策"。[②]正是在这个大政策的影响和带动下，我国经济持续高速发展。为了既高速发展经济、又促进共同富裕，1988年，邓小平同志进一步提出"两个大局"的思想："沿海地区要加快对外开放，使这个拥有两亿人口的广大地带较快地先发展起来，从而带动内地更好地发展，这是一个事关大局的问题。内地要顾全这个大局。反过来，发展到一定的时候，又要求沿海拿出更多力量来帮助内地发展，这也是个大局。那时沿海也要服从这个大局。"[③]

① 《邓小平文选》第二卷，人民出版社1983年版，第152页。
② 《邓小平文选》第二卷，人民出版社1983年版，第152页。
③ 《邓小平文选》第三卷，人民出版社1993年版，第277–278页。

1990年，邓小平同志同几位中央负责同志谈话时指出："共同致富，我们从改革一开始就讲，将来总有一天要成为中心课题。"[①]1992年，邓小平同志在南方谈话中明确提出："走社会主义道路，就是要逐步实现共同富裕。"[②]他还强调要避免两极分化："如果富的愈来愈富，穷的愈来愈穷，两极分化就会产生，而社会主义制度就应该而且能够避免两极分化。解决的办法之一，就是先富起来的地区多交点利税，支持贫困地区的发展。当然，太早这样办也不行，现在不能削弱发达地区的活力，也不能鼓励吃'大锅饭'。什么时候突出地提出和解决这个问题，在什么基础上提出和解决这个问题，要研究。可以设想，在本世纪末达到小康水平的时候，就要突出地提出和解决这个问题。"[③]我们党正是在全面建成小康社会之后，开始突出地提出和解决这个问题。

党的十三届四中全会以后，以江泽民同志为主要代表的中国共产党人，确立社会主义初级阶段公有制为主体、多种所有制经济共同发展的基本经济制度和按劳分配为主体、多种分配方式并存的分配制度，继续深化对共同

① 《邓小平文选》第三卷，人民出版社1993年版，第364页。
② 《邓小平文选》第三卷，人民出版社1993年版，第373页。
③ 《邓小平文选》第三卷，人民出版社1993年版，第374页。

富裕的认识，强调兼顾效率与公平，让广大人民群众共享经济繁荣的成果。1992年10月12日，江泽民同志在党的十四大报告中提出："社会主义市场经济体制是同社会主义基本制度结合在一起的。在所有制结构上，以公有制包括全民所有制和集体所有制经济为主体，个体经济、私营经济、外资经济为补充，多种经济成分长期共同发展，不同经济成分还可以自愿实行多种形式的联合经营。国有企业、集体企业和其他企业都进入市场，通过平等竞争发挥国有企业的主导作用。在分配制度上，以按劳分配为主体，其他分配方式为补充，兼顾效率与公平。运用包括市场在内的各种调节手段，既鼓励先进，促进效率，合理拉开收入差距，又防止两极分化，逐步实现共同富裕。"①这就讲清楚了在坚持我国现阶段基本经济制度基础上推进共同富裕。1999年全国人大通过的宪法修正案将这些精神写进宪法，以国家根本法的形式规定："国家在社会主义初级阶段，坚持公有制为主体、多种所有制经济共同发展的基本经济制度，坚持按劳分配为主体、多种分配方式并存的分配制度。""在法律规定范围内的个体经济、私营经济等非公有制经济，是社会主义市场经济的重要组成部分。"2004年全国人大通过的宪法修正案又规定："国家保

① 《江泽民文选》第一卷，人民出版社2006年版，第227页。

护个体经济、私营经济等非公有制经济的合法的权利和利益。国家鼓励、支持和引导非公有制经济的发展，并对非公有制经济依法实行监督和管理。”

1993年12月26日，江泽民同志在毛泽东同志诞辰一百周年纪念大会上的讲话中指出：“我们发展社会主义市场经济的基本目标和任务，就是要使国民经济保持旺盛的生机、活力和后劲，保持经济结构、产业结构的合理和协调，保持积极的发展速度和良好的经济效益的统一，保持生产效率和分配公平的正确结合，同时要保证农业基础地位不断得到巩固，保证国有大中型企业在市场中的竞争能力和在经济发展中的主导作用不断得到加强，保证公有制经济的主体地位和其他经济成分积极发挥其补充作用，保证在生产发展的基础上人民生活日益改善和最终实现共同富裕。”[①]这里的“四个保持”和“四个保证”把发展社会主义市场经济与最终实现共同富裕的关系阐述清楚了。1996年9月23日，江泽民同志在中央扶贫开发工作会议上指出：“我们搞社会主义，是要解放和发展生产力，消灭剥削和贫穷，最终实现全体人民共同富裕。贫穷不是社会主义。一部分人富起来、一部分人长期贫困，也不是社会主义。鼓励一部分地区、一

① 《江泽民文选》第一卷，人民出版社2006年版，第356页。

部分人先富起来，先富带动和帮助未富，最终实现共同富裕，是我们既定的政策。这个政策不能变。”[1] 江泽民同志的这段论述是对邓小平同志相关论述的坚持和发展，明确提出“最终实现全体人民共同富裕”。2002 年 11 月 8 日，江泽民同志在党的十六大报告中提出：“以共同富裕为目标，扩大中等收入者比重，提高低收入者收入水平。”[2] 这是在我们党的政治报告中首次提出“中等收入者”，并把“扩大中等收入者比重”作为促进共同富裕的重要途径。

党的十六大以后，以胡锦涛同志为主要代表的中国共产党人，进一步深化对共同富裕的认识，强调坚持走共同富裕道路，着力解决收入分配差距较大问题，使发展成果更多更公平惠及全体人民。2007 年 10 月 15 日，胡锦涛同志在党的十七大报告中指出：“全心全意为人民服务是党的根本宗旨，党的一切奋斗和工作都是为了造福人民。要始终把实现好、维护好、发展好最广大人民的根本利益作为党和国家一切工作的出发点和落脚点，尊重人民主体地位，发挥人民首创精神，保障人民各项权益，走共同富裕道路，促进人的全面发展，做到发展为了人民、发展依靠

① 《江泽民文选》第一卷，人民出版社 2006 年版，第 548–549 页。
② 《江泽民文选》第三卷，人民出版社 2006 年版，第 550 页。

人民、发展成果由人民共享。”[①]这里把“走共同富裕道路”和“促进人的全面发展”联系起来了，并提出“发展成果由人民共享”。2012 年 11 月 8 日，胡锦涛同志在党的十八大报告中进一步指出：“中国特色社会主义道路，就是在中国共产党领导下，立足基本国情，以经济建设为中心，坚持四项基本原则，坚持改革开放，解放和发展社会生产力，建设社会主义市场经济、社会主义民主政治、社会主义先进文化、社会主义和谐社会、社会主义生态文明，促进人的全面发展，逐步实现全体人民共同富裕，建设富强民主文明和谐的社会主义现代化国家。”[②]这里把“逐步实现全体人民共同富裕”作为“中国特色社会主义道路”的重要内容和奋斗目标。胡锦涛同志在党的十八大报告中还强调：“必须坚持走共同富裕道路。共同富裕是中国特色社会主义的根本原则。要坚持社会主义基本经济制度和分配制度，调整国民收入分配格局，加大再分配调节力度，着力解决收入分配差距较大问题，使发展成果更多更公平惠及全体人民，朝着共同富裕方向稳步前进。”[③]这里阐述的“加大再分配调节力度，着力解决收入分配差距较大问

---

① 《胡锦涛文选》第二卷，人民出版社 2016 年版，第 624 页。
② 《胡锦涛文选》第三卷，人民出版社 2016 年版，第 621 页。
③ 《胡锦涛文选》第三卷，人民出版社 2016 年版，第 624 页。

题”等思想，与邓小平 1992 年南方谈话阐述的思想是一脉相承的。

党的十八大以来，中国特色社会主义进入新时代，以习近平同志为主要代表的中国共产党人，统筹把握中华民族伟大复兴战略全局和世界百年未有之大变局，站在新时代高度深化对共同富裕的认识，采取有力措施保障和改善民生，打赢脱贫攻坚战，全面建成小康社会，为促进共同富裕创造了良好条件，扎实推进全体人民共同富裕迈出新步伐。2017 年 10 月 18 日，习近平总书记在党的十九大报告中，六次阐述共同富裕：一是把“全国各族人民团结奋斗、不断创造美好生活、逐步实现全体人民共同富裕”①作为新时代的重要特征。二是把“必须坚持以人民为中心的发展思想，不断促进人的全面发展、全体人民共同富裕”②作为新时代中国特色社会主义思想的重要内容。三是在十四条方略中强调：“必须多谋民生之利、多解民生之忧，在发展中补齐民生短板、促进社会公平正义，在幼有所育、学有所教、劳有所得、病有所医、老有所养、住有所居、弱有所扶上不断取得新进展，深入开展脱贫攻坚，保证全体人民在共建共享发展中有更多获得感，不断促进人

① 《党的十九大报告辅导读本》，人民出版社 2017 年版，第 11 页。
② 《党的十九大报告辅导读本》，人民出版社 2017 年版，第 19 页。

的全面发展、全体人民共同富裕。”① 四是在阐述保障和改善民生时强调：“全党必须牢记，为什么人的问题，是检验一个政党、一个政权性质的试金石。带领人民创造美好生活，是我们党始终不渝的奋斗目标。必须始终把人民利益摆在至高无上的地位，让改革发展成果更多更公平惠及全体人民，朝着实现全体人民共同富裕不断迈进。”② 五是提出到 2035 年“全体人民共同富裕迈出坚实步伐”。③ 六是提出到本世纪中叶“全体人民共同富裕基本实现”。④ 在党的政治报告中如此强调和阐述共同富裕，提及次数之多、涉及范围之广、阐述内容之新，在改革开放以来历次党的全国代表大会的政治报告中是从未有过的，⑤ 充分表明我们党开始突出地提出和解决这个问题。

2021 年 6 月 10 日发布的《中共中央国务院关于支持浙江高质量发展建设共同富裕示范区的意见》对共同富裕的基本内涵作了概括：“共同富裕具有鲜明的时代特征和中国特

---

① 《党的十九大报告辅导读本》，人民出版社 2017 年版，第 23 页。
② 《党的十九大报告辅导读本》，人民出版社 2017 年版，第 44 页。
③ 《党的十九大报告辅导读本》，人民出版社 2017 年版，第 28 页。
④ 《党的十九大报告辅导读本》，人民出版社 2017 年版，第 28 页。
⑤ 经查，“共同富裕”一词在党的十二大报告中没有，在党的十三大报告中有 2 处，在党的十四大报告中有 3 处，在党的十五大报告中有 2 处，在党的十六大报告中有 3 处，在党的十七大报告中有 1 处，在党的十八大报告中有 4 处。

色，是全体人民通过辛勤劳动和相互帮助，普遍达到生活富裕富足、精神自信自强、环境宜居宜业、社会和谐和睦、公共服务普及普惠，实现人的全面发展和社会全面进步，共享改革发展成果和幸福美好生活。”[①] 这是迄今为止我们党和政府对共同富裕内涵作出的最新、最全面、最权威的表述。我们将在本书最后一个问题，也就是第二十一个问题，展开谈谈对这个表述的理解。

① 《中共中央国务院关于支持浙江高质量发展建设共同富裕示范区的意见》，人民出版社 2021 年版，第 2 页。

第二个问题

对“共同富裕”的认识和理解上，有哪些需要避免的误区？

从理论和实际、历史和现实多角度考察，在对“共同富裕”的认识和理解上，应当避免以下一些误区。

第一，共同富裕不是“杀富济贫”“打富济贫”“劫富济贫”。我国历史上的农民起义，有过“杀富济贫”“打富济贫”“劫富济贫”的壮举，是被剥削阶级对剥削阶级、穷人对富人的反抗，有其历史必然性和历史合理性。我们党在领导人民推翻三座大山的过程中，也曾提出并实施过打土豪、分田地，解放劳苦大众。新中国成立后，大规模的阶级斗争已经结束。完成社会主义革命后，社会主义基本制度已经建立，剥削阶级作为阶级不再存在。我们现在促进共同富裕，不需要重复过去民主革命时期的阶级斗争手段，也不需要重复社会主义革命过程中改造非公有制经济的做法，而是要在坚持社会主义基本制度的基础上来推进。我们倡导诚实致富、勤劳致富、创新致富，提出“通过辛勤劳动和相互帮助”来实现共同富裕。我们倡导先富帮后富，提出“第三次分配”，但坚持自愿原则，不搞“逼捐”。

第二，共同富裕不是平均主义、“共产风”、“大锅饭”。新中国成立后，由于我们的社会主义建设经验不足，对经济发展规律和中国经济基本情况认识不足，在带领人民群众促进共同富裕的过程中，也走过弯路、遭遇过挫折。比较突出的是1958年的“共产风”，[①]以及后来长期存在的分配上的“大锅饭”，平均主义问题长期得不到解决。改革开放后，实行允许一部分地区、一部分人先富起来、先富带后富的大政策，解决了长期困扰我们的平均主义问题。我们现在促进共同富裕，绝不是要回到改革开放前，重新搞平均主义、吃“大锅饭”，更不是要刮“共产风”，而是要继续坚持允许一部分地区、一部分人先富起来、先富带后富的大政策，着力落实邓小平同志“两个大局”的重要思想，努力解决发展不平衡不充分的问题。

第三，共同富裕不是同时富裕、同步富裕、同等富

① 《关于建国以来党的若干历史问题的决议注释本》，人民出版社1983年版，第23页。

裕。共同富裕是全体人民普遍富裕，但这种普遍富裕不是、也不可能靠现有财富的平均分配来实现，而是要通过全体人民艰苦奋斗来实现。在社会主义初级阶段，生产力总体还不发达，地区之间、城乡之间、工农之间的差距还比较大，共同富裕不可能是整齐划一的同时富裕、同步富裕、同等富裕，而是有先、有后、有差别的初步富裕。在社会主义社会，社会成员因其素质能力不同、对社会贡献不同，在财富占有的多寡上必然不一样。只有承认富裕程度上的差别性，才能调动人民群众发展生产的积极性，才能为高层次富裕奠定物质基础。在社会主义初级阶段推动共同富裕，必须坚持公有制为主体、多种所有制经济共同发展的基本经济制度，坚持按劳分配为主体、多种分配方式并存的分配制度。

第四，共同富裕不只是物质富裕，不能只看收入水平。共同富裕以物质富裕为基础，收入水平是重要指标。然而，仅有物质富裕是不够的，还必须有精神生活的充实、居住环境的改善、社会环境的和谐、公共服务的健全，以促进人的全面发展和社会全面进步。因此，只重视物质财富增加，只重视经济增长，只重视 GDP 增加，只重视收入水平提高，不重视精神文明建设，不重视生态文明建设，不重视社会文明建设，不重视公共服务提供，是片面的、不够的。我们促进共同富裕，既要促进物质财富增加、促进收入水平提高，也要促进人的全面发展，促进精神、环境、社会等多方面的全面进步。

第五，共同富裕不是“福利主义”，不能搞过头保障。“福利主义”又称“福利国家”论，是以“全民福利”来掩盖国家垄断资本主义本质，美化现代资本主义国家的一种理论。[①]我们是社会主义国家，为人民谋幸福、提高人民福利水平是应有之义。促进共同富裕，当然要增加人民福利，要以更大的力度、更实的举措让人民群众有更多获得感。同时，也要清醒地认识到，我国还处于社会主义初级阶段，发展水平还不高，人民日益增长的美好生活需要和不平衡不充分的发展之间还存在矛盾。我们必须把保障和改善民生建立在经济发展和财力可持续的基础上，而不能做兑现不了的承诺。政府既要尽力而为，又要量力而行，不能什么都包，重点是加强基础性、普惠性、兜底性民生保障建设，做好兜底、提低的工作。即使将来发展水平更高、财力更雄厚了，也不能提过高的目标、搞过头的保障，要坚决防止落入“福利主义”养懒汉的陷阱。

第六，共同富裕不是短期目标，不会指日可待、很快

① 中共中央编译局世界社会主义研究所：《新编世界社会主义词典》，上海辞书出版社、中央编译出版社 1996 年版，第 1351 页。

实现。共同富裕是长期目标，需要一个过程，不可能一蹴而就，对其长期性、艰巨性、复杂性要有充分估计。我们强调逐步实现共同富裕，是基于我国发展不平衡不充分、仍然处于社会主义初级阶段、处于不发达阶段的基本国情。这就意味着实现共同富裕必然是一个长期的、渐进的历史过程。推进共同富裕，既等不得，也急不得。一些发达国家工业化搞了几百年，但由于社会制度原因，到现在也没有解决民众普遍富裕问题，贫富悬殊问题反而越来越严重。我们要有耐心，循序渐进，实打实地办好涉及民生改善的每一件事情。

总之，在新时代推进共同富裕，既不能走封闭僵化的老路，也不能走改旗易帜的邪路，而要在以习近平同志为核心的党中央坚强领导下，走中国特色社会主义的正确道路。

第三个问题

共同富裕要不要有一个时间表、路线图？

共同富裕作为中国式现代化的重要特征，我们党在对未来 30 年全面建设社会主义现代化国家作安排时，已经对共同富裕提出阶段性明确要求。

党的十九大确定，从 2020 年到本世纪中叶的 30 年，全面建设社会主义现代化国家分两个阶段来安排，每个阶段 15 年。第一个阶段，从 2020 年到 2035 年，在全面建成小康社会的基础上，再奋斗 15 年，基本实现社会主义现代化。其主要目标包括经济建设、政治建设、文化建设、社会建设、生态建设等方面，在民生和社会建设方面的目标是：人民生活更为宽裕，中等收入群体比例明显提高，城乡区域发展差距显著缩小，基本公共服务均等化基本实现，全体人民共同富裕迈出坚实步伐。第二个阶段，从2035年到本世纪中叶，在基本实现社会主义现代化的基础上，再奋斗15年，把我国建成富强民主文明和谐美丽的社会主义现代化强国。到那时，我国物质文明、政治文明、精神文明、社会文明、生态文明将全面提升，实现国家治理体系和治理能力现代化，成为综合国力和国际影响力领先的国家，全体人民共同富裕基本实现，我国人民将享有更加幸福安康的生活，中华民族将以更加昂扬的姿态屹立于世界民族之林，实现中华民族伟大复兴的中国梦。

党的十九届五中全会通过《中共中央关于制定国民经济和社会发展第十四个五年规划和二〇三五年远景目标的建议》（以下简称《建议》），对第一个阶段推动共同富裕的目标作了进一步明确。《建议》提出："十四五"时期，在质量效益明显提升的基础上实现经济持续健康发展，实现更加充分更高质量就业，居民收入增长和经济增长基本同步，分配结构明显改善，基本公共服务均等化水平明显提高，全民受教育程度不断提升，多层次社会保障体系更加健全，卫生健康体系更加完善，脱贫攻坚成果巩固拓展，乡村振兴战略全面推进。展望2035年，人均国内生产总值达到中等发达国家水平，中等收入群体显著扩大，基本公共服务实现均等化，城乡区域发展差距和居民生活水平差距显著缩小；人民生活更加美好，人的全面发展、全体人民共同富裕取得更为明显的实质性进展。

习近平总书记在“817”重要讲话中指出：“要深入研究不同阶段的目标，分阶段促进共同富裕：到‘十四五’末，全体人民共同富裕迈出坚实步伐，居民收入和实际消费水平差距逐步缩小。到2035年，全体人民共同富裕取得更为明显的实质性进展，基本公共服务实现均等化。到本世纪中叶，全体人民共同富裕基本实现，居民收入和实际消费水平差距缩小到合理区间。”① 可以说，从“十四五”末“全体人民共同富裕迈出坚实步伐”，到2035年“全体人民共同富裕取得更为明显的实质性进展”，再到本世纪中叶“全体人民共同富裕基本实现”，这就是我们从现在到本世纪中叶推动全体人民共同富裕的时间表、路线图。

① 习近平：《扎实推动共同富裕》，《求是》2021年第20期。

第四个问题

共同富裕什么时候最终实现?

“最终实现共同富裕”是社会主义的本质要求，是我们党始终不渝的奋斗目标。在本世纪中叶我国建成富强民主文明和谐美丽的社会主义现代化强国、基本实现全体人民共同富裕之后，我们还要继续奋斗，向更高水平发展，朝着“最终实现全体人民共同富裕”的方向努力。我们对这个过程的长期性、艰巨性、复杂性要有充分认识，对社会主义的发展阶段和发展方向要有充分认识。

关于社会主义的发展阶段和发展方向，毛泽东同志有过深入思考。毛泽东同志 1959 年底至 1960 年初在《读苏联〈政治经济学教科书〉的谈话》中提出:“社会主义这个阶段，又可能分为两个阶段，第一个阶段是不发达的社会主义，第二个阶段是比较发达的社会主义。后一阶段可能比前一阶段需要更长的时间。经过后一个阶段，到了物质产品、精神财富都极为丰富和人们的共产主义觉悟极大提高的时候，就可以进入共产主义社会了。”[①]他的这段话，是针对那本《政治经济学教科书》上说苏联“建成社会主义”讲的。在书中“由于第二个五年计划的完成，在苏联基本上建成了社会主义”旁边打了问号，在“彻底巩固集体农庄制度”旁边也打了问号。他说：“社会主义一定要向共产主义过渡。过渡到了共产主义的时候，社会主义阶段的一些东西必然是要灭亡的。就是到了共产主义，也还是要发展的。”[②]

邓小平同志对社会主义的发展阶段和发展方向也有过深入思考。1992 年，他在视察南方时说：“我们搞社会主义才几十年，还处在初级阶段。巩固和发展社会主义制度，还需要一个很长的历史阶段，需要我们几代人、十几代人，甚至几十代人坚持不懈地努力奋斗，决不能掉以轻心。”[③]邓小平同志说的“几代人、十几代人，甚至几十代人”是一个从一百年到几百年，甚至千年以上的时间跨度。

习近平总书记在庆祝中国共产党成立一百周年大会上讲话指出：“中国共产党立志于中华民族千秋伟业，百年恰是

① 《毛泽东文集》第八卷，人民出版社 1999 年版，第 116 页。
② 《毛泽东文集》第八卷，人民出版社 1999 年版，第 108 页。
③ 《邓小平文选》第三卷，人民出版社 1993 年版，第 379–380 页。

风华正茂！”我们党已经走过的一百年在历史长河中并不算长，还要继续为“千秋伟业”而奋斗。

社会主义初级阶段是社会主义的不发达阶段，至少需要一百年。邓小平同志1992年视察南方时说：“如果从建国起，用一百年时间把我国建设成中等水平的发达国家，那就很了不起！从现在起到下世纪中叶，将是很要紧的时期，我们要埋头苦干。”[①] 在跨越初级阶段之后，我们还要向比较发达的更高阶段发展。从比较发达的社会主义，到发达的社会主义，需要经过更长的历史时期。

邓小平同志1992年视察南方时还说：“社会主义的本质，是解放生产力，发展生产力，消灭剥削，消除两极分化，最终达到共同富裕。”[②] 这里的“最终达到共同富裕”，并不单是一个时间上的界定问题，而是指在社会主义社会，通过解放生产力、发展生产力，通过消灭剥削、消除两极分化，最终的目的都是为了实现共同富裕。社会主义最终要向高层次的共同富裕迈进，把人类引入共产主义高级阶段共同富裕的大门。

我们党的最高理想和最终目标是实现共产主义。马克思在《哥达纲领批判》中阐述了共产主义社会第一阶段和

① 《邓小平文选》第三卷，人民出版社1993年版，第383页。
② 《邓小平文选》第三卷，人民出版社1993年版，第373页。

高级阶段的特征。他认为共产主义社会第一阶段“不是在它自身基础上已经发展了的，恰好相反，是刚刚从资本主义社会中产生出来的，因此它在各方面，在经济、道德和精神方面都还带着它脱胎出来的那个旧社会的痕迹”。[①] 马克思说的“共产主义社会第一阶段”，就是我们现在说的社会主义社会，是依然存在三大差别、必须坚持按劳分配原则的社会。马克思说：“在共产主义社会高级阶段上，在迫使人们奴隶般地服从分工的情形已经消失，从而脑力劳动和体力劳动的对立也随之消失之后；在劳动已经不仅仅是谋生的手段，而且本身成了生活的第一需要之后；在随着个人的全面发展生产力也增长起来，而集体财富的一切源泉都充分涌流之后，——只有在那个时候，才能完全超出资产阶级法权的狭隘眼界，社会才能在自己的旗帜上写上：各尽所能，按需分配！”[②]“个人的全面发展”“各尽所能，按需分配”是共产主义社会高级阶段的特征。只有生产力高度发达，社会财富充分涌流，才具备实行各尽所能、按需分配的必要条件，人的全面发展、全体人民共同富裕才能最终实现。

① 《马克思恩格斯选集》第三卷，人民出版社 1972 年版，第 10 页。
② 《马克思恩格斯选集》第三卷，人民出版社 1972 年版，第 12 页。

第五个问题

推进共同富裕需要着重解决哪些问题？

推进共同富裕既要解决思想认识问题，又要解决现实路径问题；既要解决奋斗目标问题，又要解决战略举措问题；既要做大做好“蛋糕”，又要切好分好“蛋糕”；既要增加物质财富，又要增加精神财富；既要促进人的全面发展，又要推动社会全面进步。

党的十九大以来，以习近平同志为核心的党中央对于新时代扎实推动共同富裕需要解决的重大问题已经作出回答，党的十九大报告、十九届五中全会建议、十九届六中全会决议等中央文件和习近平总书记一系列重要讲话都有明确论述。

新时代推进共同富裕，最重要的是明确总的思路。习近平总书记“817”重要讲话阐述了新时代推进共同富裕总的思路："坚持以人民为中心的发展思想，在高质量发展中促进共同富裕，正确处理效率和公平的关系，构建初次分配、再分配、三次分配协调配套的基础性制度安排，加大税收、社保、转移支付等调节力度并提高精准性，扩大中等收入群体比重，增加低收入群体收入，合理调节高收入，取缔非法收入，形成中间大、两头小的橄榄型分配结构，促进社会公平正义，促进人的全面发展，使全体人民朝着共同富裕目标扎实迈进。"①

这个总的思路内涵很丰富、要求很明确，后面将分解为若干题目展开阐释。

① 习近平:《扎实推动共同富裕》,《求是》2021 年第 20 期。

第六个问题

如何理解和把握促进共同富裕的现实路径？

这个问题可以从习近平总书记“817”重要讲话中阐述的六个方面来理解和把握。

第一，提高发展的平衡性、协调性、包容性。要加快完善社会主义市场经济体制，推动发展更平衡、更协调、更包容。要增强区域发展的平衡性，实施区域重大战略和区域协调发展战略，健全转移支付制度，缩小区域人均财政支出差异，加大对欠发达地区的支持力度。要强化行业发展的协调性，加快垄断行业改革，推动金融、房地产同实体经济协调发展。要支持中小企业发展，构建大中小企业相互依存、相互促进的企业发展生态。

第二，着力扩大中等收入群体规模。要抓住重点、精准施策，推动更多低收入人群迈入中等收入行列。高校毕业生是有望进入中等收入群体的重要方面，要提高高等教育质量，做到学有专长、学有所用，帮助他们尽快适应社会发展需要。技术工人也是中等收入群体的重要组成部分，要加大技能人才培养力度，提高技术工人工资待遇，吸引更多高素质人才加入技术工人队伍。中小企业主和个体工商户是创业致富的重要群体，要改善营商环境，减轻税费负担，提供更多市场化的金融服务，帮助他们稳定经营、持续增收。进城农民工是中等收入群体的重要来源，要深化户籍制度改革，解决好农业转移人口随迁子女教育等问题，让他们安心进城，稳定就业。要适当提高公务员特别是基层一线公务员及国有企事业单位基层职工工资待遇。要增加城乡居民住房、农村土地、金融资产等各类财产性收入。

第三，促进基本公共服务均等化。低收入群体是促进共同富裕的重点帮扶保障人群。要加大普惠性人力资本投入，有效减轻困难家庭教育负担，提高低收入群众子女受教育水平。要完善养老和医疗保障体系，逐步缩小职工与居民、城市与农村的筹资和保障待遇差距，逐步提高城乡居民基本养老金水平。要完善兜底救助体系，加快缩小社会救助的城乡标准差异，逐步提高城乡最低生活保障水平，兜住基本生活底线。要完善住房供应和保障体系，坚持房子是用来住的、不是用来炒的定位，租购并举，因城施策，完善长租房政策，扩大保障性租赁住房供给，重点解决好新市民住房问题。

第四，加强对高收入的规范和调节。在依法保护合法收入的同时，要防止两极分化、消除分配不公。要合理调节过高收入，完善个人所得税制度，规范资本性所得管理。要积极稳妥推进房地产税立法和改革，做好试点工作。要加大消费环节税收调节力度，研究扩大消费税征收范围。要加强公益慈善事业规范管理，完善税收优惠政策，鼓励高收入人群和企业更多回报社会。要清理规范不合理收入，加大对垄断行业和国有企业的收入分配管理，整顿收入分配秩序，清理借改革之名变相增加高管收入等分配乱象。要坚决取缔非法收入，坚决遏制权钱交易，坚决打击内幕交易、操纵股市、财务造假、偷税漏税等获取非法收入行为。要保护产权和知识产权，保护合法致富。要坚决反对资本无序扩张，对敏感领域准入划出负面清单，加强反垄断监督。同时，也要调动企业家积极性，促进各类资本规范健康发展。

第五，促进人民精神生活共同富裕。促进共同富裕与促进人的全面发展是高度统一的。要强化社会主义核心价值观引领，加强爱国主义、集体主义、社会主义教育，发展公共文化事业，完善公共文化服务体系，不断满足人民群众多样化、多层次、多方面的精神文化需求。要加强促进共同富裕舆论引导，澄清各种模糊认识，防止急于求成和畏难情绪，为促进共同富裕提供良好舆论环境。

第六，促进农民农村共同富裕。促进共同富裕，最艰巨最繁重的任务仍然在农村。农村共同富裕工作要抓紧，但不宜像脱贫攻坚那样提出统一的量化指标。要巩固拓展脱贫攻坚成果，对易返贫致贫人口要加强监测、及早干预，对脱贫县要扶上马送一程，确保不发生规模性返贫和新的致贫。要全面推进乡村振兴，加快农业产业化，盘活农村资产，增加农民财产性收入，使更多农村居民勤劳致富。要加强农村基础设施和公共服务体系建设，改善农村人居环境。

第七个问题

中央在国家层面缩小地区差距、城乡差距、居民收入差距，推进共同富裕有哪些创新性、突破性举措？

中央在国家层面缩小三大差距、推进共同富裕的创新性、突破性举措在《中华人民共和国国民经济和社会发展第十四个五年规划和2035年远景目标纲要》（以下简称《纲要》）相关篇章都有阐述，现概述如下。

第一，坚持农业农村优先发展，全面推进乡村振兴。这是《纲要》第七篇阐述的，是缩小城乡差距的战略举措。第七篇分四章，从提高农业质量效益和竞争力、实施乡村建设行动、健全城乡融合发展体制机制、实现巩固拓展脱贫攻坚成果同乡村振兴有效衔接四个方面阐述具体举措。这一篇总的要求是："走中国特色社会主义乡村振兴道路，全面实施乡村振兴战略，强化以工补农、以城带乡，推动形成工农互促、城乡互补、协调发展、共同繁荣的新型工农城乡关系，加快农业农村现代化。”[①] 主要的创新性、突破性举措包括：持续强化农业基础地位，深化农业供给侧结构性改革，强化质量导向，推动乡村产业振兴；把乡村建设摆在社会主义现代化建设的重要位置，优化生产生活生态空间，持续改善村容村貌和人居环境，建设美丽宜居乡村；建立健全城乡要素平等交换、双向流动政策体系，促进要素更多向乡村流动，增强农业农村发展活力；建立完善农村低收入人口和欠发达地区帮扶机制，保持主要帮扶政策和财政投入力度总体稳定，接续推进脱贫地区发展。

第二，完善新型城镇化战略，提升城镇化发展质量。这是《纲要》第八篇阐述的，是缩小城乡差距又一战略举措。第八篇分三章，从加快农业转移人口市民化、完善城镇化空间布局、全面提升城市品质三个方面阐述具体举措。这一篇总的要求是：“坚持走中国特色新型城镇化道路，深入推进以人为核心的新型城镇化战略，以城市群、都市圈为依托促进大中小城市和小城镇协调联动、特色化发展，使更多人民群众享有更高品质的城市

① 《中华人民共和国国民经济和社会发展第十四个五年规划和 2035 年远景目标纲要》，人民出版社 2021 年版，第 67 页。

生活。”[1]主要的创新性、突破性举措包括：坚持存量优先、带动增量，统筹推进户籍制度改革和城镇基本公共服务常住人口全覆盖，健全农业转移人口市民化配套政策体系，加快推动农业转移人口全面融入城市；发展壮大城市群和都市圈，分类引导大中小城市发展方向和建设重点，形成疏密有致、分工协作、功能完善的城镇化空间格局；加快转变城市发展方式，统筹城市规划建设管理，实施城市更新行动，推动城市空间结构优化和品质提升。

第三，优化区域经济布局，促进区域协调发展。这是《纲要》第九篇阐述的，是缩小地区差距的战略举措。第九篇分四章，从优化国土空间开发保护格局、深入实施区域重大战略、深入实施区域协调发展战略、积极拓展海洋经济发展空间四个方面阐述具体举措。这一篇总的要求是：“深入实施区域重大战略、区域协调发展战略、主体功能区战略，健全区域协调发展体制机制，构建高质量发展的区域经济布局和国土空间支撑体系。”[2]主要的创新性、突破性举措包括：立足资源环境承载能力，发挥各地区比较优势，促进各类要素合理流动和高效集聚，推动形成主

① 《中华人民共和国国民经济和社会发展第十四个五年规划和 2035 年远景目标纲要》，人民出版社 2021 年版，第 77 页。

② 《中华人民共和国国民经济和社会发展第十四个五年规划和 2035 年远景目标纲要》，人民出版社 2021 年版，第 87 页。

体功能明显、优势互补、高质量发展的国土空间开发保护新格局；聚焦实现战略目标和提升引领带动能力，推动区域重大战略取得新的突破性进展，促进区域间融合互动、融通补充；深入推进西部大开发、东北全面振兴、中部地区崛起、东部率先发展，支持特殊类型地区加快发展，在发展中促进相对平衡；坚持陆海统筹、人海和谐、合作共赢，协同推进海洋生态保护、海洋经济发展和海洋权益维护，加快建设海洋强国。

第四，提升国民素质，促进人的全面发展。这是《纲要》第十三篇阐述的，包括促进教育、卫生、养老均等化的战略举措。第十三篇分三章，从建设高质量教育体系、全面推进健康中国建设、实施积极应对人口老龄化国家战略三个方面阐述具体举措。这一篇总的要求是："把提升国民素质放在突出重要位置，构建高质量的教育体系和全方位全周期的健康体系，优化人口结构，拓展人口质量红利，提升人力资本水平和人的全面发展能力。"[①] 主要的创新性、突破性举措包括：推进基本公共教育均等化，巩固义务教育基本均衡成果，完善办学标准，推动义务教育优质均衡发展和城乡一体化；构建强大公共卫生体系，健全

① 《中华人民共和国国民经济和社会发展第十四个五年规划和 2035 年远景目标纲要》，人民出版社 2021 年版，第 129 页。

全民医保制度，健全中医药服务体系，完善全民健身公共服务体系，促进全民养成文明健康生活方式；制定人口长期发展战略，优化生育政策，以“一老一小”为重点完善人口服务体系，促进人口长期均衡发展。

第五，增进民生福祉，提升共建共治共享水平。这是《纲要》第十四篇阐述的，包括缩小收入差距、健全公共服务体系、完善基层社会治理的战略举措。第十四篇分六章，从健全国家公共服务制度体系、实施就业优先战略、优化收入分配结构、健全多层次社会保障体系、保障妇女未成年人和残疾人基本权益、构建基层社会治理新格局六个方面阐述具体举措。这一篇总的要求是：“坚持尽力而为、量力而行，健全基本公共服务体系，加强普惠性、基础性、兜底性民生建设，完善共建共治共享的社会治理制度，制定促进共同富裕行动纲要，自觉主动缩小地区、城乡和收入差距，让发展成果更多更公平惠及全体人民，不断增强人民群众获得感、幸福感、安全感。”[①] 主要的创新性、突破性举措包括：提高基本公共服务均等化水平，推动城乡区域基本公共服务制度统一、质量水平有效衔接；健全覆盖城乡的就业公共服务体系，加强基层公共就业创

① 《中华人民共和国国民经济和社会发展第十四个五年规划和 2035 年远景目标纲要》，人民出版社 2021 年版，第 141 页。

业服务平台建设，为劳动者和企业免费提供政策咨询、职业介绍、用工指导等服务；坚持居民收入增长和经济增长基本同步、劳动报酬提高和劳动生产率提高基本同步，持续提高低收入群体收入，更加积极有为地促进共同富裕；坚持按劳分配为主体、多种分配方式并存，提高劳动报酬在初次分配中的比重；实施扩大中等收入群体行动计划，以高校和职业院校毕业生、技能型劳动者、农民工等为重点，不断提高中等收入群体比重；加大税收、社会保障、转移支付等调节力度和精准性，发挥慈善等第三次分配作用，改善收入和财富分配格局；坚持应保尽保原则，按照兜底线、织密网、建机制的要求，加快健全覆盖全民、统筹城乡、公平统一、可持续的多层次社会保障体系；健全残疾人帮扶制度，帮助残疾人普遍参加基本医疗和基本养老保险，动态调整困难残疾人生活补贴和重度残疾人护理补贴标准；健全党组织领导的自治、法治、德治相结合的城乡基层社会治理体系，完善基层民主协商制度，建设人人有责、人人尽责、人人享有的社会治理共同体。

第八个问题

如何理解第三次分配促进共同富裕的内涵?

可以把习近平总书记“817”重要讲话和《中共中央关于制定国民经济和社会发展第十四个五年规划和二〇三五年远景目标的建议》(以下简称《建议》)、《中华人民共和国国民经济和社会发展第十四个五年规划和2035年远景目标纲要》(以下简称《纲要》)、《中共中央国务院关于支持浙江高质量发展建设共同富裕示范区的意见》(以下简称《意见》)有关收入分配的表述结合起来理解。

《建议》关于收入分配的表述:“坚持按劳分配为主体、多种分配方式并存,提高劳动报酬在初次分配中的比重,完善工资制度,健全工资合理增长机制,着力提高低收入群体收入,扩大中等收入群体。完善按要素分配政策制度,健全各类生产要素由市场决定报酬的机制,探索通过土地、资本等要素使用权、收益权增加中低收入群体要素收入。多渠道增加城乡居民财产性收入。完善再分配机制，加大税收、社保、转移支付等调节力度和精准性，合理调节过高收入，取缔非法收入。发挥第三次分配作用，发展慈善事业，改善收入和财富分配格局。”[①]《建议》的这五句话，前三句讲初次分配，第四句讲再分配，第五句讲第三次分配。

《纲要》在第四十八章“优化收入分配结构”阐述三次分配的具体举措。在初次分配上，坚持按劳分配为主体、多种分配方式并存，提高劳动报酬在初次分配中的比重；完善按要素分配政策制度，健全各类生产要素由市场决定报酬的机制，探索通过土地、资本等要素使用权、收益权增加中低收入群体要素收入；多渠道增加城乡居民财产性收入，提高农民土地增值收益分享比例，完善上市公司分红制度，创新更多适应家庭财富管理需求的金融产品。在再分配上，加大税收、社会保障、转移支付等调节力度和精准性；健全直接税体系，完善综合与分类相结合的个人所得税制度，加强对高收入者的税收调节和监管；增强社会保障待遇和服务的公平性可及性，完善兜底保障

---

① 《〈中共中央关于制定国民经济和社会发展第十四个五年规划和二〇三五年远景目标的建议〉辅导读本》，人民出版社 2020 年版，第 48 页。

标准动态调整机制；规范收入分配秩序，保护合法收入，合理调节过高收入，取缔非法收入，遏制以垄断和不正当竞争行为获取收入。在第三次分配上，发挥慈善等第三次分配作用，改善收入和财富分配格局。①《纲要》在“慈善”后面加了一个“等”，说明第三次分配除了“慈善”以外还有其他。

《意见》在“建立健全回报社会的激励机制”中对“慈善等第三次分配”作了进一步阐述：“鼓励引导高收入群体和企业家向上向善、关爱社会，增强社会责任意识，积极参与和兴办社会公益事业。充分发挥第三次分配作用，发展慈善事业，完善有利于慈善组织持续健康发展的体制机制，畅通社会各方面参与慈善和社会救助的渠道。探索各类新型捐赠方式，鼓励设立慈善信托。加强对慈善组织和活动的监督管理，提高公信力和透明度。落实公益性捐赠税收优惠政策，完善慈善褒奖制度。”②

习近平总书记“817”重要讲话提出：“构建初次分配、再分配、三次分配协调配套的基础性制度安排。”这是对完善三次分配的最新要求，需要对三次分配的性质和

① 《中华人民共和国国民经济和社会发展第十四个五年规划和2035年远景目标纲要》，人民出版社2021年版，第145–146页。

② 《中共中央国务院关于支持浙江高质量发展建设共同富裕示范区的意见》，人民出版社2021年版，第14页。

特点有准确的把握。初次分配是通过向市场提供劳动以及土地、资本等生产要素所取得的收入，市场是主体，市场机制起作用，具有自发性。再分配是政府把人们从市场取得的收入通过税收、社会保障、财政转移支付等进行再调节，政府是主体，以法律法规为支撑，具有强制性。第三次分配是指人们将自己所得自愿捐赠给社会或他人，社会是主体，受道德力量支配，具有自愿性。比如人们对慈善、社会救助等公益事业的捐献，既不属于市场的分配，也不属于政府的分配，而是属于社会的分配。第三次分配是对初次分配和再分配的有益补充，有利于缩小社会差距，实现更合理的收入分配。

第九个问题

“高质量发展”有哪些具体的标准和要求?

“高质量发展”是党的十九大首次提出的新表述。习近平总书记在党的十九大报告中指出:“我国经济已由高速增长阶段转向高质量发展阶段,正处在转变发展方式、优化经济结构、转换增长动力的攻关期,建设现代化经济体系是跨越关口的迫切要求和我国发展的战略目标。必须坚持质量第一、效益优先,以供给侧结构性改革为主线,推动经济发展质量变革、效率变革、动力变革,提高全要素生产率,着力加快建设实体经济、科技创新、现代金融、人力资源协同发展的产业体系,着力构建市场机制有效、微观主体有活力、宏观调控有度的经济体制,不断增强我国经济创新力和竞争力。”[1] 这里讲了“高质量发展”要以供给侧结构性改革为主线，推动经济发展质量变革、效率变革、动力变革，战略目标是建设现代化经济体系。

标准是经济活动和社会发展的技术支撑，是国家基础性制度的重要方面。2021 年 10 月，中共中央国务院印发《国家标准化发展纲要》，明确提出“新时代推动高质量发展、全面建设社会主义现代化国家，迫切需要进一步加强标准化工作”，明确要求“加快构建推动高质量发展的标准体系，助力高技术创新，促进高水平开放，引领高质量发展，为全面建成社会主义现代化强国、实现中华民族伟大复兴的中国梦提供有力支撑”。[2] 这意味着“高质量发展”标准体系还在制定过程中，目前还没有具体标准。

关于“高质量发展”的具体要求，党的十九大报告和《中共中央关于制定国民经济和社会发展第十四个五年规划和二〇三五年远景目标的建议》(以下简称《建议》)、《中华人民共和国国民经济和社会发展第十四个五年规划

---

① 习近平：《决胜全面建成小康社会 夺取新时代中国特色社会主义伟大胜利——在中国共产党第十九次全国代表大会上的报告》，人民出版社 2017 年版，第 36 页。

② 《中共中央国务院印发〈国家标准化发展纲要〉》，人民出版社 2021 年版，第 2 页。

和 2035 年远景目标纲要》（以下简称《纲要》）都有阐述。

习近平总书记在党的十九大报告中从深化供给侧结构性改革、加快建设创新型国家、实施乡村振兴战略、实施区域协调发展战略、加快完善社会主义市场经济体制、推动形成全面开放新格局六个方面阐述了高质量发展的具体要求。这些要求的着眼点，都是为了激发全社会创造力和发展活力，努力实现更高质量、更有效率、更加公平、更可持续、更为安全的发展。

《建议》在指导思想中提出：坚定不移贯彻创新、协调、绿色、开放、共享的新发展理念，坚持稳中求进工作总基调，以推动高质量发展为主题，以深化供给侧结构性改革为主线，以改革创新为根本动力，以满足人民日益增长的美好生活需要为根本目的，统筹发展和安全，加快建设现代化经济体系，加快构建以国内大循环为主体、国内国际双循环相互促进的新发展格局。《建议》围绕推动高质量发展这个主题，从以下诸方面提出具体要求：坚持创新驱动发展，全面塑造发展新优势；加快发展现代产业体系，推动经济体系优化升级；形成强大国内市场，构建新发展格局；全面深化改革，构建高水平社会主义市场经济体制；优先发展农业农村，全面推进乡村振兴；优化国土空间布局，推进区域协调发展和新型城镇化；繁荣发展文化事业和文化产业，提高国家文化软实力；推动绿色发展，促进人与自然和谐共生；实行高水平对外开放，开拓合作共赢新局面；改善人民生活品质，提高社会建设水平；统筹发展和安全，建设更高水平的平安中国。

《纲要》在战略导向中提出："十四五"时期推动高质量发展，必须立足新发展阶段、贯彻新发展理念、构建新发展格局；必须坚持深化供给侧结构性改革，以创新驱动、高质量供给引领和创造新需求，提升供给体系的韧性和对国内需求的适配性；必须建立扩大内需的有效制度，加快培育完整内需体系，加强需求侧管理，建设强大国内市场；必须坚定不移推进改革，破除制约经济循环的制度障碍，推动生产要素循环流转和生产、分配、流通、消费各环节有机衔接；必须坚定不移扩大开放，持续深化要素流动型开放，稳步拓展制度型开放，依托国内经济循环体系形成对全球要素资源的强大引力场；必须强化国内大循环的主导作用，以国际循环提升国内大循环效率和水平，实现国内国际双循环互促共进。这"六个必须"都是对"高质量发展"的具体要求。

《纲要》确定的"十四五"时期经济社会发展主要目标，也体现了"高质量发展"的要求。比如，在经济发展方面要取得新成效："在质量效益明显提升的基础上实现经济持续健康发展，增长潜力充分发挥，国内生产总值年均增长保持在合理区间、各年度视情提出，全员劳动生产率增长高于国内生产总值增长，国内市场更加强大，经济结构更加优化，创新能力显著提升，全社会研发经费投入年均增长 7% 以上、力争投入强度高于‘十三五’时期实际，产业基础高级化、产业链现代化水平明显提高，农业基础更加稳固，城乡区域发展协调性明显增强，常住人口城镇化率提高到 65%，现代化经济体系建设取得重大进展。”① 再比如，在民生福祉方面要达到新水平：“实现更加充分更高质量就业，城镇调查失业率控制在 5.5% 以内，居民人均可支配收入增长与国内生产总值增长基本同步，分配结构明显改善，基本公共服务均等化水平明显提高，全民受教育程度不断提升，劳动年龄人口平均受教育年限提高到 11.3 年，多层次社会保障体系更加健全，基本养老保险参保率提高到 95%，卫生健康体系更加完善，人均预期寿命提高 1 岁，脱贫攻坚成果巩固拓展，乡村振兴战略全面推进，全体人民共同富裕迈出坚实步伐。”② 这些主要目标和指标，把“高质量发展”和“共同富裕”联系起来了。

---

① 《中华人民共和国国民经济和社会发展第十四个五年规划和 2035 年远景目标纲要》，人民出版社 2021 年版，第 9 页。

② 《中华人民共和国国民经济和社会发展第十四个五年规划和 2035 年远景目标纲要》，人民出版社 2021 年版，第 10 页。

第十个问题

如何在高质量发展过程中促进共同富裕？

可以从《中共中央国务院关于支持浙江高质量发展建设共同富裕示范区的意见》（以下简称《意见》）看到基本思路。

《意见》在指导思想中说：坚持稳中求进工作总基调，坚持以人民为中心的发展思想，立足新发展阶段、贯彻新发展理念、构建新发展格局，紧扣推动共同富裕和促进人的全面发展，坚持以满足人民日益增长的美好生活需要为根本目的，以改革创新为根本动力，以解决地区差距、城乡差距、收入差距问题为主攻方向，更加注重向农村、基层、相对欠发达地区倾斜，向困难群众倾斜，支持浙江创造性贯彻“八八战略”，在高质量发展中扎实推动共同富裕，着力在完善收入分配制度、统筹城乡区域发展、发展社会主义先进文化、促进人与自然和谐共生、创新社会治理等方面先行示范，构建推动共同富裕的体制机制，着力激发人民群众积极性、主动性、创造性，促进社会公平，增进民生福祉，不断增强人民群众的获得感、幸福感、安全感和认同感，为实现共同富裕提供浙江示范。

《意见》提出“五大工作原则”：（1）坚持党的全面领导。坚定维护党中央权威和集中统一领导，充分发挥党总揽全局、协调各方的领导核心作用，坚持和完善中国特色社会主义制度，把党的政治优势和制度优势转化为推动共同富裕示范区建设、广泛凝聚各方共识的强大动力和坚强保障。（2）坚持以人民为中心。坚持发展为了人民、发展依靠人民、发展成果由人民共享，始终把人民对美好生活的向往作为推动共同富裕的奋斗目标，瞄准人民群众所忧所急所盼，在更高水平上实现幼有所育、学有所教、劳有所得、病有所医、老有所养、住有所居、弱有所扶。（3）坚持共建共享。弘扬勤劳致富精神，鼓励劳动者通过诚实劳动、辛勤劳动、创新创业实现增收致富，不断提高劳动生产率和全要素生产率。充分发挥市场在资源配置中的决定性作用，更好发挥政府作用，体现效率、促进公平，坚决防止两极分化，在发展中补齐民生短板，让发展成果更多更公平惠及人民群众。（4）坚持改革创新。

坚定不移推进改革，推动有利于共同富裕的体制机制不断取得新突破，着力破除制约高质量发展高品质生活的体制机制障碍，强化有利于调动全社会积极性的重大改革开放举措。坚持创新在现代化建设全局中的核心地位，深入实施创新驱动发展战略，率先在推动共同富裕方面实现理论创新、实践创新、制度创新、文化创新。（5）坚持系统观念。立足当前、着眼长远，统筹考虑需要和可能，按照经济社会发展规律循序渐进，脚踏实地、久久为功，不吊高胃口、不搞“过头事”，尽力而为、量力而行，注重防范化解重大风险，使示范区建设与经济发展阶段相适应、与现代化建设进程相协调，不断形成推动共同富裕的阶段性标志性成果。

《意见》提出“四大战略定位”：（1）高质量发展高品质生活先行区。率先探索实现高质量发展的有效路径，促进城乡居民收入增长与经济增长更加协调，构建产业升级与消费升级协调共进、经济结构与社会结构优化互促的良性循环，更好满足人民群众品质化多样化的生活需求，富民惠民安民走在全国前列。（2）城乡区域协调发展引领区。坚持城乡融合、陆海统筹、山海互济，形成主体功能明显、优势互补、高质量发展的国土空间开发保护新格局，健全城乡一体、区域协调发展体制机制，加快基本公共服务均等化，率先探索实现城乡区域协调发展的路径。（3）收入分配制度改革试验区。坚持按劳分配为主体、多种分配方式并存，着重保护劳动所得，完善要素参与分配政策制度，在不断提高城乡居民收入水平的同时，缩小收入分配差距，率先在优化收入分配格局上取得积极进展。（4）文明和谐美丽家园展示区。加强精神文明建设，推动生态文明建设先行示范，打造以社会主义核心价值观为引领、传承中华优秀文化、体现时代精神、具有江南特色的文化强省，实现国民素质和社会文明程度明显提高、团结互助友爱蔚然成风、经济社会发展全面绿色转型，成为人民精神生活丰富、社会文明进步、人与自然和谐共生的幸福美好家园。

《意见》提出“两阶段发展目标”：到2025年，浙江省推动高质量发展建设共同富裕示范区取得明显实质性进展。经济发展质量效益明显提高，人均地区生产总值达到中等发达经济体水平，基本公共服务实现均等化；城乡区域发展差距、城乡居民收入和生活水平差距持续缩小，低收入群体增收能力和社会福利水平明显提升，以中等收入群体为主体的橄榄型社会结构基本形成，全省居民生活品质迈上新台阶；国民素质和社会文明程度达到新高度，美丽浙江建设取得新成效，治理能力明显提升，人民生活更加美好；推动共同富裕的体制机制和政策框架基本建立，形成一批可复制可推广的成功经验。到 2035 年，浙江省高质量发展取得更大成就，基本实现共同富裕。人均地区生产总值和城乡居民收入争取达到发达经济体水平，城乡区域协调发展程度更高，收入和财富分配格局更加优化，法治浙江、平安浙江建设达到更高水平，治理体系和治理能力现代化水平明显提高，物质文明、政治文明、精神文明、社会文明、生态文明全面提升，共同富裕的制度体系更加完善。

《意见》提出“六方面具体措施”：（1）提高发展质量效益，夯实共同富裕的物质基础。包括大力提升自主创新能力、塑造产业竞争新优势、提升经济循环效率、激发各类市场主体活力。（2）深化收入分配制度改革，多渠道增加城乡居民收入。包括推动实现更加充分更高质量就业、不断提高人民收入水平、扩大中等收入群体、完善再分配制度、建立健全回报社会的激励机制。（3）缩小城乡区域发展差距，实现公共服务优质共享。包括率先实现基本公共服务均等化、率先实现城乡一体化发展、持续改善城乡居民居住条件、织密扎牢社会保障网、完善先富帮后富的帮扶机制。（4）打造新时代文化高地，丰富人民精神文化生活。包括提高社会文明程序，传承弘扬中华优秀传统文化、革命文化、社会主义先进文化。（5）践行绿水青山就是金山银山理念，打造美丽宜居的生活环境。包括高水平建设美丽浙江、全面推进生产生活方式绿色转型。（6）坚持和发展新时代“枫桥经验”，构建舒心安心放心的社会环境。包括以数字化改革提升治理效能、全面建设法治浙江、平安浙江。

第十一个问题

如何理解乡村振兴在共同富裕中的地位和作用?

乡村振兴是党的十九大提出的重要战略。习近平总书记在党的十九大报告中指出，农业农村农民问题是关系国计民生的根本性问题，必须始终把解决好“三农”问题作为全党工作的重中之重，实施乡村振兴战略。

党的十九大报告提出，进入新时代，我国社会主要矛盾已经转化为人民日益增长的美好生活需要和不平衡不充分的发展之间的矛盾。而发展不平衡，在城乡表现得最为明显；发展不充分，在乡村表现得最为突出。乡村是具有自然、社会、经济特征的地域综合体，兼具生产、生活、生态、文化等多重功能，与城镇互促互进、共生共存，共同构成人类活动的主要空间。乡村兴则国家兴，乡村衰则国家衰。实现“两个一百年”奋斗目标，最艰巨最繁重的任务在乡村，最广泛最深厚的基础在乡村，最大的潜力和后劲也在乡村。实施乡村振兴战略，是解决新时代我国社会主要矛盾、实现“两个一百年”奋斗目标和中华民族伟大复兴中国梦的必然要求，具有重大现实意义和深远历史意义。

按照党的十九大报告精神，实施乡村振兴战略，要按照产业兴旺、生态宜居、乡风文明、治理有效、生活富裕的总要求，建立健全城乡融合发展体制机制和政策体系，加快推进农业农村现代化。产业兴旺，就是要紧紧围绕促进产业发展，引导和推动更多资本、技术、人才等要素向农业农村流动，调动广大农民的积极性、创造性，形成现代农业产业体系，促进农村一二三产业融合发展，保持农业农村经济发展旺盛活力。生态宜居，就是要加强农村资源环境保护，大力改善水电路气房讯等基础设施，统筹山水林田湖草保护建设，保护好绿水青山和清新清净的田园风光。乡风文明，就是要促进农村文化教育、医疗卫生等事业发展，推动移风易俗、文明进步，弘扬农耕文明和优良传统，使农民综合素质进一步提升、农村文明程度进一步提高。治理有效，就是要加强和创新农村社会治理，加强基层民主和法治建设，让社会正气得到弘扬、违法行为得到惩治，使农村更加和谐、安定有序。生活富裕，就是要让农民有持续稳定的收入来源，经济宽裕，衣食无忧，生活便利，共同富裕。[①]

《中共中央关于制定国民经济和社会发展第十四个五年规划和二〇三五年远景目标的建议》（以下简称《建议》）进一步提出“优先发展农业农村，全面推进乡村振兴”，明确要求：“坚持把解决好‘三农’问题作为全党工作重中之重，走中国特色社会主义乡村振兴道路，全面实施乡村振兴战略，强化以工补农、以城带乡，推动形成工农互促、城乡互补、协调发展、共同繁荣的新型工农城乡关系，加快农业农村现代化。”[②]《建议》明确提出：“实施乡村建设行动。把乡村建设摆在社会主义现代化建设的重要位置。强化县城综合服务能力，把乡镇建成服务农民的区域中心。统筹县域城镇和村庄规划建设，保护传统村落和乡村风貌。完善乡村水、电、路、气、通信、广播电视、物流等基础设施，提升农房建设质量。因地制宜推进农村改厕、生活垃圾处理和污水治理，实施河湖水系综合整治，改善农村人居环境。提高农民科技文化素质，推动乡村人才振兴。”[③]同时要求：“实现巩固拓展脱贫攻坚成果同

① 《党的十九大报告辅导读本》，人民出版社 2017 年版，第 211 页。
② 《〈中共中央关于制定国民经济和社会发展第十四个五年规划和二〇三五年远景目标的建议〉辅导读本》，人民出版社 2020 年版，第 36 页。
③ 《〈中共中央关于制定国民经济和社会发展第十四个五年规划和二〇三五年远景目标的建议〉辅导读本》，人民出版社 2020 年版，第 37 页。

乡村振兴有效衔接。建立农村低收入人口和欠发达地区帮扶机制，保持财政投入力度总体稳定，接续推进脱贫地区发展。健全防止返贫监测和帮扶机制，做好易地扶贫搬迁后续帮扶工作，加强扶贫项目资金资产管理和监督，推动特色产业可持续发展。健全农村社会保障和救助制度。在西部地区脱贫县中集中支持一批乡村振兴重点帮扶县，增强其巩固脱贫成果及内生发展能力。坚持和完善东西部协作和对口支援、社会力量参与帮扶等机制。”①

从党的十九大报告和党的十九届五中全会《建议》的阐述中，我们可以认识到乡村振兴在共同富裕中具有十分重要的地位和作用。第一，实施乡村振兴战略是巩固脱贫攻坚成果的必然要求。对刚刚脱贫的地区和人口，还需要扶上马送一程，通过乡村振兴进行重点帮扶，确保不发生规模性返贫和新的致贫。第二，实施乡村振兴战略是缩小城乡差距的必然要求。城乡差距是三大差距中缩小难度最大的差距，实施乡村振兴就是要补齐乡村发展滞后这块短板，努力缩小城乡差距。第三，实施乡村振兴战略是“四化同步”的必然要求。没有农业农村现代化，国家现代化是不完整、不全面、不牢固的。农业农村现代化目前依然

① 《〈中共中央关于制定国民经济和社会发展第十四个五年规划和二〇三五年远景目标的建议〉辅导读本》，人民出版社 2020 年版，第 38 页。

是“四化同步”的短腿，需要通过实施乡村振兴战略，加快前进步伐，确保如期实现现代化目标。第四，实施乡村振兴战略是富裕农民、繁荣农村、强化农业的必然要求。中国要强，农业必须强；中国要美，农村必须美；中国要富，农民必须富。解决“三农”问题始终是全党工作的重中之重，实施乡村振兴战略是新时代“三农”工作的总抓手。总之，乡村能否振兴，决定我们国家现代化的奋斗目标能否实现，也决定全体人民共同富裕的奋斗目标能否实现。

第十二个问题

在共同富裕过程中如何解决城乡要素有序流动问题?

党的十九大报告、《中共中央关于制定国民经济和社会发展第十四个五年规划和二〇三五年远景目标的建议》(以下简称《建议》)、《中华人民共和国国民经济和社会发展第十四个五年规划和 2035 年远景目标纲要》(以下简称《纲要》)都有阐述。

党的十九大报告指出:"破除妨碍劳动力、人才社会性流动的体制机制弊端,使人人都有通过辛勤劳动实现自身发展的机会。"[①] 为此,需要从以下几方面努力:第一,需要破除劳动力、人才市场种种市场壁垒和歧视性政策规

① 习近平:《决胜全面建成小康社会 夺取新时代中国特色社会主义伟大胜利——在中国共产党第十九次全国代表大会上的报告》,人民出版社 2017 年版,第 46 页。

定，包括消除以户籍、行业、区域和所有制性质形成的体制障碍，消除就业歧视政策，禁止地域性区别对待，促进就业创业公平；第二，需要改革户籍制度，减少户籍对劳动力的束缚以及对人口流动的负面影响，在实践中，可考虑实行户籍登记地和人员常住地相结合的权益享有机制；第三，需要推动教育、医疗、社会保障、文化等基本公共服务的均等化，增进教育、健康等人力资源培训体系的公平性，阻断贫困代际传递，满足每一位社会成员的基本生存和发展需求，为社会性流动提供基本保障，让人口流动没有生存安全的后顾之忧，带动劳动力、生产、资本等要素的流动；第四，需要强化尊重知识、尊重劳动的激励机制，肯定人们辛勤劳动的价值，鼓励人们合法守法经营、勤劳实干，引导更多人特别是年轻人靠劳动致富、靠知识致富、靠创业致富、靠创新致富，形成有利于优秀勤勉人才向上流动的社会环境和舆论氛围，形成多元化社会性流动机制，使人人都有通过辛勤劳动实现自身发展的机会，促进社会公平正义，促进共同富裕。

这里需要说明的是，社会性流动是从劳动力、人才的角度说的，既包括城乡之间的流动，也包括城乡内部的流动；既包括横向流动（人员交流），也包括纵向流动（层级升迁）。城乡要素流动，是从生产要素角度说的，既包括劳动力、人才的流动，也包括资金、土地等其他生产要素的流动。社会性流动和城乡要素流动都有利于促进共同富裕。

《建议》提出：“健全城乡融合发展机制，推动城乡要素平等交换、双向流动，增强农业农村发展活力。”[①]《纲要》第二十五章专题阐述“健全城乡融合发展体制机制”，总的要求是：“建立健全城乡要素平等交换、双向流动政策体系，促进要素更多向乡村流动，增强农业农村发展活力。”[②]并从“深化农业农村改革”和“加强农业农村发展要素保障”两个方面提出具体要求。比如，《纲要》提出：“深化农村宅基地制度改革试点，加快房地一体的宅基地确权颁证，探索宅基地所有权、资格权、使用权分置实现形式。积极探索实施农村集体经营性建设用地入市制度。允许农村集体在农民自愿前提下，依法把有偿收回的闲置宅基地、废弃的集体公益性建设用地转变为集体经营性建设用地入市。”[③]再比如，《纲要》提出：“健全农业农村投

① 《〈中共中央关于制定国民经济和社会发展第十四个五年规划和二〇三五年远景目标的建议〉辅导读本》，人民出版社 2020 年版，第 37 页。
② 《中华人民共和国国民经济和社会发展第十四个五年规划和 2035 年远景目标纲要》，人民出版社 2021 年版，第 73 页。
③ 《中华人民共和国国民经济和社会发展第十四个五年规划和 2035 年远景目标纲要》，人民出版社 2021 年版，第 74 页。

入保障制度，加大中央财政转移支付、土地出让收入、地方政府债券支持农业农村力度。”[①] 这些举措都有利于促进城乡要素平等交换、双向流动。

① 《中华人民共和国国民经济和社会发展第十四个五年规划和 2035 年远景目标纲要》，人民出版社 2021 年版，第 74 页。

第十三个问题

如何才能让农民真正进城，同时城里人也能真正到农村？

对于农民来讲，真正进城的主要障碍是户籍制度以及相关的配套政策和机制问题。《中华人民共和国国民经济和社会发展第十四个五年规划和 2035 年远景目标纲要》（以下简称《纲要》）第二十七章专题阐述“加快农业转移人口市民化”，提出总的要求是：“坚持存量优先、带动增量，统筹推进户籍制度改革和城镇基本公共服务常住人口全覆盖，健全农业转移人口市民化配套政策体系，加快推动农业转移人口全面融入城市。”[①] 并从“深化户籍制度改革”和“健全农业转移人口市民化机制”两个方面阐述具体要求。在深化户籍制度改革方面，明确提出：“放开放

---

① 《中华人民共和国国民经济和社会发展第十四个五年规划和 2035 年远景目标纲要》，人民出版社 2021 年版，第 77 页。

宽除个别超大城市外的落户限制，试行以经常居住地登记户口制度。全面取消城区常住人口300万以下的城市落户限制，确保外地与本地农业转移人口进城落户标准一视同仁。全面放宽城区常住人口300万至500万的I型大城市落户条件。完善城区常住人口500万以上的超大特大城市积分落户政策，精简积分项目，确保社会保险缴纳年限和居住年限分数占主要比例，鼓励取消年度落户名额限制。健全以居住证为载体、与居住年限等条件相挂钩的基本公共服务提供机制，鼓励地方政府提供更多基本公共服务和办事便利，提高居住证持有人城镇义务教育、住房保障等服务的实际享有水平。”[①] 在健全农业转移人口市民化机制方面，明确提出：“完善财政转移支付与农业转移人口市民化挂钩相关政策，提高均衡性转移支付分配中常住人口折算比例，中央财政市民化奖励资金分配主要依据跨省落户人口数量确定。建立财政性建设资金对吸纳落户较多城市的基础设施投资补助机制，加大中央预算内投资支持力度。调整城镇建设用地年度指标分配依据，建立同吸纳农业转移人口落户数量和提供保障性住房规模挂钩机制。根据人口流动实际调整人口流入流出地区教师、医生等编制

① 《中华人民共和国国民经济和社会发展第十四个五年规划和2035年远景目标纲要》，人民出版社2021年版，第77–78页。

定额和基本公共服务设施布局。依法保障进城落户农民农村土地承包权、宅基地使用权、集体收益分配权，建立农村产权流转市场体系，健全农户‘三权’市场化退出机制和配套政策。”①

对于城里人来讲，真正到农村的主要障碍是能不能落户并享受相关权益问题。《纲要》明确提出：“允许入乡就业创业人员在原籍地或就业创业地落户并享受相关权益，建立科研人员入乡兼职兼薪和离岗创业制度。”② 这就为城里人下乡就业创业清除了政策障碍。

可以说，制约城乡要素有序流动的主要政策障碍已经破除，促进城乡融合发展的体制机制正在逐步完善，全体人民共同富裕正在迈出坚实步伐。

---

① 《中华人民共和国国民经济和社会发展第十四个五年规划和 2035 年远景目标纲要》，人民出版社 2021 年版，第 78 页。

② 《中华人民共和国国民经济和社会发展第十四个五年规划和 2035 年远景目标纲要》，人民出版社 2021 年版，第 75 页。

第十四个问题

共同富裕能不能像脱贫攻坚那样确定一个标准？

习近平总书记“817”重要讲话明确指出：“农村共同富裕工作要抓紧，但不宜像脱贫攻坚那样提出统一的量化指标。”

为什么共同富裕不宜像脱贫攻坚那样确定一个统一的标准？这是因为脱贫攻坚解决的是绝对贫困问题，而共同富裕是在脱贫攻坚已经消除绝对贫困基础上解决相对贫困问题。消除绝对贫困可以提统一的“两不愁三保障”标准，作为必须达到的底线要求，稳定实现贫困人口不愁吃、不愁穿，义务教育、基本医疗和住房安全有保障。而相对贫困在各个地区、各个群体的现实差别很大，起点很不一样，很难提出、也不应该提出统一的标准。

第十五个问题

如何理解“全体人民共同富裕是一个总体概念”？

习近平总书记在“817”重要讲话中说：“我总的认为，像全面建成小康社会一样，全体人民共同富裕是一个总体概念，是对全社会而言的，不要分成城市一块、农村一块，或者东部、中部、西部地区各一块，各提各的指标，要从全局上来看。我们要实现14亿人共同富裕，必须脚踏实地、久久为功，不是所有人都同时富裕，也不是所有地区同时达到一个富裕水准，不同人群不仅实现富裕的程度有高有低，时间上也会有先有后，不同地区富裕程度还会存在一定差异，不可能齐头并进。这是一个在动态中向前发展的过程，要持续推动，不断取得成效。”①

① 习近平：《扎实推动共同富裕》，《求是》2021年第20期。

从总书记讲话中可以理解“全体人民共同富裕是一个总体概念”包含四层意思：第一，这是对全社会而言的，不要分成城市一块、农村一块，或者东部、中部、西部地区各一块，各提各的指标，要从全局上来看。第二，要实现 14 亿人共同富裕，是每个人富裕，不能落下任何一个人，一个人也不能掉队，而不是说“大多数人富裕”，或者说“实现共同富裕有人数底线”。第三，实现全体人民共同富裕，不是所有人、所有地区在同一时间达到同一个富裕水准，而是不同人群、不同地区富裕程度还会存在一定差异，时间上也会有先有后。第四，实现全体人民共同富裕，是一个在动态中向前发展的过程，要持续推动，不断取得成效。

“全体人民共同富裕是一个总体概念”，可以从马克思主义关于未来社会“每个人”和“一切人”的关系来理解。马克思、恩格斯《共产党宣言》第二部分结尾有一段十分精辟的描述未来社会的话：“代替那存在着阶级和阶级对立的资产阶级旧社会的，将是这样一个联合体，在那里，每个人的自由发展是一切人的自由发展的条件。”[①] 同理，可以说，“每个人”的富裕是“一切人”的富裕的条件。

① 马克思、恩格斯：《共产党宣言》（纪念版），人民出版社 2018 年版，第 51 页。

空想社会主义提出未来社会要消除贫富对立，实现“每人都富裕”。英国空想社会主义者莫尔批评资本主义制度造成贫富两极对立，“一面穷困不堪，一面又奢侈无度”。[①]欧文痛斥英国资本主义社会是“知识与无知的结合，富贵与贫困的结合，奢侈与忍辱受苦的结合”。[②]莫尔提出，未来社会应实行财产公有，大家都热心于公事，“每人一无所有，而又每人都富裕”。[③]空想社会主义对科学社会主义的创立和发展产生了直接影响。

科学社会主义认为未来社会“以所有人的富裕为目的”。马克思说，在未来社会里，社会生产力的发展将如此迅速，以致尽管生产将以所有人的富裕为目的，所有的人的可以自由支配的时间还是会增加。[④]“全体人民共同富裕”与“以所有人的富裕为目的”一脉相承。

---

① 莫尔:《乌托邦》，商务印书馆 1959 年版，第 38 页。

② 中共中央宣传部理论局:《世界社会主义五百年》(党员干部读本)，党建读物出版社、学习出版社 2014 年版，第 19 页。

③ 莫尔:《乌托邦》，商务印书馆 1959 年版，第 44 页。

④《马克思恩格斯文集》第八卷，人民出版社 2009 年版，第 200 页。

第十六个问题

为什么要"加快构建推动共同富裕的综合评价体系"？

《中共中央国务院关于支持浙江高质量发展建设共同富裕示范区的意见》（以下简称《意见》）明确提出："加快构建推动共同富裕的综合评价体系，建立评估机制，坚持定量与定性、客观评价与主观评价相结合，全面反映共同富裕示范区建设工作成效，更好反映人民群众满意度和认同感。"[①] 这是为了扎实推动共同富裕不断取得实质性进展，使人民群众得到实惠。

根据《意见》制定的《浙江高质量发展建设共同富裕示范区实施方案（2021—2025 年）》（以下简称《实施方案》）明确提出："构建推动共同富裕的评价考核体系。结

① 《中共中央国务院关于支持浙江高质量发展建设共同富裕示范区的意见》，人民出版社 2021 年版，第 24 页。

合‘八八战略’实施综合评估，坚持定量与定性、客观评价与主观评价相结合，深化统计改革，科学设立高质量发展建设共同富裕示范区评价体系和目标指标体系，探索建立共同富裕实现度测度标准和方法，探索建立群众获得感幸福感安全感评价指数，全面反映示范区建设工作成效，更好反映人民群众满意度和认同感。加强监测分析和动态调整。将推动共同富裕有关目标要求纳入党政领导班子和领导干部综合绩效考核，提高考核工作质量。建立定期督查机制，创新完善督查方式，完善问题反馈整改机制。”①

我们课题组专题调研的浙江省嘉兴市，根据《实施方案》，结合本市实际制定《嘉兴深化城乡统筹推动高质量发展建设共同富裕示范区的典范城市行动方案（2021—2025年）》（以下简称《行动方案》），对评价考核体系等作了进一步明确。《行动方案》提出：“建立评价考核和争先创优机制。科学设立典范城市建设目标指标体系和评价体系，全面反映工作成效，更好反映人民群众满意度和认同感。加强对考核监督和激励约束，将推动共同富裕有关目标和工作纳入各县（市、区）、市级部门年度绩效考评和领导班子、领导干部综合绩效考核。加强对涉及典范城

① 《浙江高质量发展建设共同富裕示范区实施方案（2021—2025年）》，《浙江日报》2021年7月19日。

市建设的重大改革、重大项目、重大平台、重大政策等进行监测分析和动态调整。建立定期督查机制，创新督查方式，完善问题反馈整改机制，推动各项工作落地落实。建立健全争先创优机制，打造更多最佳实践，充分发挥典型的导向和推动作用，以点带面推动典范城市建设取得实效。”①

① 《嘉兴深化城乡统筹推动高质量发展建设共同富裕示范区的典范城市行动方案（2021—2025 年）》，人民网 – 浙江频道，2021 年 8 月 9 日。

第十七个问题

评价共同富裕实现程度的主要经济指标有哪些？

《浙江高质量发展建设共同富裕示范区实施方案（2021—2025年）》明确提出，到2025年，人均生产总值达到中等发达经济体水平，居民人均可支配收入达到7.5万元，劳动报酬占GDP比重超过50%，家庭年可支配收入10万至50万元的群体比例达到80%，20万至60万元的群体比例力争达到45%，城乡居民收入倍差缩小到1.9以内，设区市人均可支配收入最高最低倍差缩小到1.55以内。

《嘉兴深化城乡统筹推动高质量发展建设共同富裕示范区的典范城市行动方案（2021—2025年）》提出了略高于全省水平的指标：到2025年，全市地区生产总值达到9000亿元以上、力争1万亿元，人均地区生产总值达到中等发达经济体水平，居民人均可支配收入达到7.8万元，与人均地区生产总值之比持续提高，劳动报酬占 GDP 比重超过 50%；家庭年可支配收入 10 万至 50 万元的群体比例达到 81%，20 万至 60 万元的群体比例力争达到 45.5%，基本形成以中等收入群体为主体的橄榄型社会结构；城乡居民收入倍差缩小到 1.58 以内，县（市、区）居民人均收入最高最低倍差缩小到 1.08 以内。

我们在实地调研中了解到：2020 年，嘉兴全市地区生产总值突破 5500 亿元，财政总收入突破 1000 亿元，规模以上工业总产值突破 10000 亿元，在全省和长三角城市群的位次持续上升；全市人均地区生产总值 16506 美元，按照世界银行评价标准（1.5 万美元至 2.0 万美元）进入“全面小康型经济”；全市城镇、农村居民人均可支配收入分别达到 64124 元、39801 元，其中农村居民人均可支配收入为全国最高，并连续 17 年位居全省第一；低收入农户人均可支配收入（19581 元）为全省最高；城乡居民收入比（1.61 ∶ 1）为全省最小；城乡居民收入五等分收入的高低收入户倍差 5.09，低于全省平均水平；全市 69.9% 的家庭收入达到 10 万至 50 万元（以三口之家计算）中等收入群体标准，初步形成橄榄型分配结构；城乡居民消费恩格尔系数 27.3%，低于全国、全省平均水平，已达到联合国富足标准（20% ～ 30%）。可以说，嘉兴已在实现全体人民共同富裕的道路上迈出坚实步伐。

第十八个问题

“橄榄型分配结构”到底应该是什么比例?

习近平总书记“817”重要讲话提出：扩大中等收入群体比重，增加低收入群体收入，合理调节高收入，取缔非法收入，形成中间大、两头小的橄榄型分配结构。①

这里需要说明的是，“橄榄型分配结构”有不同表述。党的十九届六中全会决议的表述是“橄榄型分配格局”，《中共中央国务院关于支持浙江高质量发展建设共同富裕示范区的意见》、《浙江高质量发展建设共同富裕示范区实施方案（2021—2025年）》（以下简称《实施方案》）、《嘉兴深化城乡统筹推动高质量发展建设共同富裕示范区的典范城市行动方案（2021—2025年）》（以下简称《行动方案》）的表述是“橄榄型社会结构”，学员提问的表述是

① 习近平：《扎实推动共同富裕》，《求是》2021年第20期。

"橄榄型收入结构"，有的专家的表述是"橄榄型收入分配结构"。这些表述都是指两头小、中间大的以中等收入群体为主体的结构。

理解"橄榄型分配结构"的比例，必须了解什么是"中等收入群体"。按照一些国际组织的定义和学者的建议，中等收入群体可以是一个涵盖范围很大的群体。例如，以相对收入水平衡量，在社会平均收入中位数的 75% 至 200% 范围内，或者以绝对收入水平衡量，每人每天收入在 10 美元至 100 美元范围内，都可以被看作中等收入群体。[①] 但是，中等收入群体的定义不能仅限于收入水平一个指标，还应该包括其他与人民生活品质相关的内容。总体来说，中等收入群体应该具有在全社会处于中等水平的收入、稳定的就业、符合基本需要的居住条件、充分供给的基本公共服务、一定数量的家庭储蓄和适度的财产收入，并且具有超过基本生存需要的相关消费等。

我国中等收入群体有多大规模？国家统计局局长宁吉喆曾在国新办新闻发布会上介绍，我国拥有全球规模最大、最具成长性的中等收入群体，2017 年我国中等收入群体已经超过 4 亿人。中等收入群体的标准又是什么？宁吉喆介绍，按照中国典型的三口之家年收入在 10 万至 50 万元

① 《党的十九大报告辅导读本》，人民出版社 2017 年版，第 334 页。

来算，中国有4亿人，有1.4亿个家庭，有购车、购房、闲暇旅游的能力。然而，衡量社会分配结构，除了看中等收入群体数量和规模，还要看中等收入群体在总人口中的占比。根据国家统计局数据，中等收入群体规模约为4亿人，如果以14亿人的基数计算，中等收入人口占比约为30%。①

在理解“中等收入群体”的内涵和标准的基础上，我们可以从《实施方案》和《行动方案》看到以中等收入群体为主体的“橄榄型分配结构”的比例。

《实施方案》提出：率先基本形成以中等收入群体为主体的橄榄型社会结构，到2025年，家庭年可支配收入10万至50万元的群体比例达到80%，20万至60万元的群体比例力争达到45%。

《行动方案》提出的比例比《实施方案》略多：到2025年，家庭年可支配收入10万至50万元的群体比例达到81%，20万至60万元的群体比例力争达到45.5%，基本形成以中等收入群体为主体的橄榄型社会结构。

① 《超过4亿人 中国拥有全球规模最大中等收入群体》，中国新闻网，2019年1月21日。

第十九个问题

如何理解“扩大中等收入群体”？

可以把习近平总书记“817”重要讲话的有关阐述同党的十九大报告、《中共中央关于制定国民经济和社会发展第十四个五年规划和二〇三五年远景目标的建议》（以下简称《建议》）、《中华人民共和国国民经济和社会发展第十四个五年规划和2035年远景目标纲要》（以下简称《纲要》）、《中共中央国务院关于支持浙江高质量发展建设共同富裕示范区的意见》（以下简称《意见》）的相关阐述联系起来理解。

习近平总书记“817”重要讲话在讲到总的思路时提出“扩大中等收入群体比重”，并在阐述具体要求中提出：“着力扩大中等收入群体规模。要抓住重点、精准施策，推动更多低收入人群迈入中等收入行列。高校毕业生是有望进入中等收入群体的重要方面，要提高高等教育质量，做到学有专长、学有所用，帮助他们尽快适应社会发展需要。技术工人也是中等收入群体的重要组成部分，要加大技能人才培养力度，提高技术工人工资待遇，吸引更多高素质人才加入技术工人队伍。中小企业主和个体工商户是创业致富的重要群体，要改善营商环境，减轻税费负担，提供更多市场化的金融服务，帮助他们稳定经营、持续增收。进城农民工是中等收入群体的重要来源，要深化户籍制度改革，解决好农业转移人口随迁子女教育等问题，让他们安心进城，稳定就业。要适当提高公务员特别是基层一线公务员及国有企事业单位基层职工工资待遇。要增加城乡居民住房、农村土地、金融资产等各类财产性收入。”①

党的十九大报告明确提出“扩大中等收入群体”。②《建议》把“中等收入群体显著扩大”作为目标。③《纲要》和《意见》提出“实施扩大中等收入群体行动计划”。④

① 习近平：《扎实推动共同富裕》，《求是》2021 年第 20 期。
② 《党的十九大报告辅导读本》，人民出版社 2017 年版，第 46 页。
③ 《〈中共中央关于制定国民经济和社会发展第十四个五年规划和二〇三五年远景目标的建议〉辅导读本》，人民出版社 2020 年版，第 6 页。
④ 《中华人民共和国国民经济和社会发展第十四个五年规划和 2035 年远景目标纲要》，人民出版社 2021 年版，第 146 页；《中共中央国务院关于支持浙江高质量发展建设共同富裕示范区的意见》，人民出版社 2021 年版，第 13 页。

《纲要》提出："实施扩大中等收入群体行动计划，以高校和职业院校毕业生、技能型劳动者、农民工等为重点，不断提高中等收入群体比重。提高高校、职业院校毕业生就业匹配度和劳动参与率。拓宽技术工人上升通道，畅通非公有制经济组织、社会组织、自由职业专业技术人员职称申报和技能等级认定渠道，提高技能型人才待遇水平和社会地位。实施高素质农民培育计划，运用农业农村资源和现代经营方式增加收入。完善小微创业者扶持政策，支持个体工商户、灵活就业人员等群体勤劳致富。"①

《意见》提出：实施扩大中等收入群体行动计划，激发技能人才、科研人员、小微创业者、高素质农民等重点群体活力。加大人力资本投入力度，健全面向劳动者的终身职业技能培训制度，实施新时代浙江工匠培育工程，加快构建产教训融合、政企社协同、育选用贯通的技术技能人才培养培训体系，完善技能人才薪酬分配政策，拓宽技术工人上升通道。对有劳动能力的低收入群体，坚持开发式帮扶，提高内生发展能力，着力发展产业使其积极参与就业。拓展基层发展空间，保障不同群体发展机会公平，推动更多低收入群体迈入中等收入群体行列。规范招考选

① 《中华人民共和国国民经济和社会发展第十四个五年规划和 2035 年远景目标纲要》，人民出版社 2021 年版，第 146 页。

拔聘用制度，完善评价激励机制。完善党政机关、企事业单位和社会各方面人才顺畅流动的制度体系。实行更加开放的人才政策，激发人才创新活力。

党的十八大以来，我国有接近1亿的农村绝对贫困人口脱贫，但仍是低收入群体。经济合作与发展组织国家的相对贫困标准是居民收入中位数的50%。2019年，我国农村居民收入中位数是14389元，它的50%就是7195元。假设30%的农村家庭符合这个标准，总人数至少为1.53亿，数量非常可观。如果能够把这部分人群培育为中等收入群体，将创造又一个共同富裕奇迹。与此同时，如果能够把2.91亿外出农民工和2.7亿60岁以上人口变成中等收入群体，不仅符合共同富裕的社会进程，对于继续支撑中国经济持续增长意义巨大。[①]

① 蔡昉：《从三方面加快推进共同富裕》，《财经》2021年7月24日。

第二十个问题

我们所说的共同富裕，与卢森堡等世界最富有国家或高社会福利国家的所谓“全民福利”有何不同？

卢森堡位于欧洲西北部，全称卢森堡大公国，东邻德国，南毗法国，西部和北部与比利时接壤，是一个内陆国家。人口 63.4 万人、面积 2586.3 平方公里，相当于我国一个中等县的规模（如湖南攸县人口 63 万人、面积 2648 平方公里）。卢森堡公元前曾是高卢人的居住地，1839 年伦敦协定承认其为独立国家，两次大战中均被德国入侵，1945 年成为联合国创始国，1949 年加入北大西洋公约组织，1995 年成为首批申根区国家，1999 年成为首批欧元国，是发达资本主义国家。实行君主立宪制，大公为国家元首、武装部队统帅，一院制议会为最高立法机构，政府对议会负责，议会和政府均由多党组成，主要政党有基督教社会党、社会工人党、民主党、绿党、选择民主改革党、左派党、卢森堡共产党。钢铁工业、金融业和卫星通信业是其三大支柱产业。总部设在卢森堡市的阿塞洛—米塔尔集团长期为世界第一大钢铁集团，在全球 18 个国家进行开采和生产，全球员工超过 19 万人，产品销往 160 多个国家。首都卢森堡市被称为“金融之都”，注册银行 129 家，银行总资产 8511 亿欧元，是欧盟第一大金融中心，也是仅次于美国的世界第二、欧洲最大的基金管理中心，共管理基金约 4000 支。总部设在卢森堡市的欧洲卫星公司，拥有 52 颗卫星，居欧洲首位、世界第二，1.22 亿欧洲家庭可接收该公司卫星转播的 2400 套电视、电台节目，2019 年营业额 19.84 亿欧元、净利润 2.96 亿欧元。人均国内生产总值连续多年位居世界第一，人均收入水平位居世界前列，人均寿命80岁。①

卢森堡等世界最富有国家，社会福利水平也比较高，但不能简单地把世界最富有国家与高社会福利国家画等号。位居世界前十名的最富有国家，有的并没有进入社会福利最好的前十个国家；而世界社会福利最好的前十个国家，有的也没有进入世界前十名的最富有国家。究其原因，是因为评价指标不同，世界最富有国家是以人均国内

① 依据外交部官网有关卢森堡的资料并参考相关资料。

生产总值来评的，而世界高福利国家是从人出生到死亡的社会福利来评的。

一般认为，北欧五国（丹麦、挪威、瑞典、芬兰、冰岛）是世界高社会福利国家。北欧五国的人口和面积与我国新疆差不多。人口最多的瑞典有 1038 万人，最少的冰岛只有 37.1 万人，五国总人口 2751.2 万人，比我国新疆 2585.23 万人略多；面积最大的瑞典 449964 平方公里，最小的丹麦 43096 平方公里，五国总面积 131.9 万平方公里，比我国新疆 166.49 万平方公里略少。[①] 北欧五国都是工业化国家，也都是发达资本主义国家，“三高”（高收入、高税收、高福利）是其共有特征，被称为“北欧模式”。其中，瑞典最典型，被称为“瑞典模式”。19 世纪 30 年代，瑞典工业开始起步，成为西欧一些国家铁矿石、木材的供应国。“二战”后，瑞典政府对经济采取干预政策，逐步建立社会福利体系，全民就业、全民养老金、全民医疗保险、全民免费教育逐渐落实，成为典型的高福利国家。

如何认识世界最富有国家或世界高福利国家的所谓“全民福利”？可以看《新编世界社会主义词典》对“福利国家”论的解释：以“全民福利”来掩盖国家垄断资本主义本质，美化现代资本主义国家的一种理论。宣扬资产

① 北欧五国人口、面积数据依据外交部官网资料合计。

阶级政府是为社会福利服务的，通过收入分配政策和福利政策等提高民众生活水平，保障充分就业和经济繁荣，并在此基础上消灭贫困和阶级，实现“全民福利国家”。20世纪40年代，英国工党提出社会福利纲领，推行社会保障等福利法案，宣扬英国已建成“福利国家”。50年代，“福利国家”论在美国也盛行一时。近年来，一些原来宣称已建立“高级福利国家”的国家（如瑞典），已感到“福利国家”之路走不通。①

目前世界最富有国家或高社会福利国家经济发展如何？可以看看卢森堡和北欧五国的相关数据。②2020年，卢森堡人均国内生产总值11.556万美元（为全球最高），经济增长率–1.3%，失业率6.32%；丹麦人均国内生产总值约6.4万美元，经济增长率–3.3%，失业率5.8%；挪威人均国内生产总值约7.9万美元，经济增长率–0.8%，失业率5.0%；瑞典人均国内生产总值约5.6万美元，经济增长率–2.8%，失业率8.3%；芬兰人均国内生产总值4.88万美元，经济增长率–2.9%；冰岛人均国内生产总值6.3万美元，经济增长率–6.6%，失业率7.8%。受新冠肺炎疫

① 中共中央编译局世界社会主义研究所：《新编世界社会主义词典》，上海辞书出版社、中央编译出版社1996年版，第1351–1352页。

② 依据外交部官网有关卢森堡、丹麦、挪威、瑞典、芬兰、冰岛的资料。

情和全球经济调整影响，2020 年卢森堡和北欧五国经济增长均下滑，失业率增加，政府财政负担加重。

我们所说的共同富裕与世界最富有国家或高社会福利国家的所谓“全民福利”有哪些不同？可以从以下几个角度来分析。第一，基本国情不同。人口多、地域广、地区差别大、发展不平衡不充分，是我国的基本国情。我们所说的共同富裕，是要解决我国人民日益增长的美好生活需要和不平衡不充分的发展之间的矛盾。而卢森堡和北欧五国都是小国，卢森堡的人口和面积只相当于我国的一个中等县，北欧五国的人口和面积只相当于我国的新疆，地域差别不如我们大，发展程度比我们高，生活水平比我们高，富裕程度总体比我们高。第二，发展道路不同。我们党在马克思主义科学理论指导下，走农村包围城市的正确道路取得革命成功。我国仅用几十年时间就走完发达国家几百年走过的工业化历程，创造了经济快速发展和社会长期稳定两大奇迹。卢森堡和北欧五国工业化起步都比我们早，各国资源条件不同，具体发展道路也不一样。卢森堡的冶铁业从 16 世纪末开始发展，1858 年建成第一座用焦炭炼钢的高炉。特殊的气候、地理位置等自然条件，特定的社会、历史文化传统使北欧国家走上一条不同于西欧、南欧甚至东欧等其他欧洲国家的发展道路。第三，发展阶段不同。我国还处于社会主义初级阶段，刚刚全面建成小康社会，正在向全面建设社会主义现代化国家迈进。我们目前仍然是在社会主义初级阶段推进共同富裕，也就是在不发达阶段推进共同富裕。卢森堡和北欧五国都是资本主义发达国家，早已完成工业化，现代化水平都很高，是在高度发达的基础上分配社会财富。第四，基本制度不同。我国是工人阶级领导的、以工农联盟为基础的人民民主专政的社会主义国家，实行人民代表大会制度和共产党领导的多党合作、政治协商制度，坚持公有制为主体、多种所有制经济共同发展的基本经济制度和按劳分配为主体、多种分配方式并存的分配制度。我们是在社会主义基本制度基础上促进共同富裕。卢森堡和北欧五国都是资本主义国家，实行议会政治、多党竞争、三权鼎立，社会财富分配取决于利益集团博弈，是在资本主义制度框架下分配社会财富。第五，奋斗目标不同。我们是共产党长期执政，制定了建设社会主义现代化国家、促进全体人民共同富裕的阶段性目标，最终目标是实现共产主义。卢森堡和北欧五国均是多党竞选执政，不同政党有不同政治理念，能否执政取决于社会主流意识形态和选民支持，执政后的任期目标是兑现竞选承诺、寻求连任。

第二十一个问题

如何理解“我们所说的共同富裕”是“中国特色社会主义共同富裕”？

这个问题，是从上一个问题引申出来的。“我们所说的共同富裕”为什么是“中国特色社会主义共同富裕”？这要从学习领会习近平总书记的一段话谈起。

这段话出自国家主席习近平 2015 年 10 月 21 日在伦敦金融城市长晚宴上的演讲：“中国特色社会主义就是要建设社会主义市场经济、民主政治、先进文化、和谐社会、生态文明，促进人的全面发展，促进社会公平正义，逐步实现全体人民共同富裕。”这段话，以“中国特色社会主义”开头，以“共同富裕”结束，把“逐步实现全体人民共同富裕”作为“中国特色社会主义”的重要内容和奋斗目标，“中国特色社会主义共同富裕”呼之欲出。

可以这样理解：我们所说的共同富裕，是在中国特色社会主义制度基础上逐步实现共同富裕，是在中国式现代化过程中推进共同富裕，是中国特色社会主义共同富裕，是全体人民共同富裕。

关于中国特色社会主义共同富裕的基本内涵，本书第一个问题的最后一个自然段引用的《中共中央国务院关于支持浙江高质量发展建设共同富裕示范区的意见》已经作了全面表述："共同富裕具有鲜明的时代特征和中国特色，是全体人民通过辛勤劳动和相互帮助，普遍达到生活富裕富足、精神自信自强、环境宜居宜业、社会和谐和睦、公共服务普及普惠，实现人的全面发展和社会全面进步，共享改革发展成果和幸福美好生活。"[①]下面谈谈我们的理解。

第一，是"具有鲜明的时代特征和中国特色"的共同富裕。这是从时间和空间两个维度定义"我们所说的共同富裕"。从时间上说，"具有鲜明的时代特征"。这个时代，是中国特色社会主义新时代。这个时代，放在改革开放以来的历史进程中，属于改革开放和社会主义现代化建设时代；放在社会主义革命完成以来的历史进程中，属于社会主义时代。从空间上说，"具有鲜明的中国特色"。中国特色与中华文明相连。习近平总书记指出，如果没有中华

① 《中共中央国务院关于支持浙江高质量发展建设共同富裕示范区的意见》，人民出版社 2021 年版，第 2 页。

五千年文明，哪里有什么中国特色？如果不是中国特色，哪有我们今天这么成功的中国特色社会主义道路？[①] 中国特色使我们国家与别的国家相区别，使我们国家的社会主义与别的国家的社会主义相区别。我们党坚持把马克思主义基本原理同中国具体实际相结合、同中华优秀传统文化相结合，不断推进马克思主义中国化时代化，不断推进中国特色社会主义伟大事业，不断推进中国特色社会主义共同富裕。

第二，是“全体人民通过辛勤劳动和相互帮助”而实现的共同富裕。这是“我们所说的共同富裕”的实现途径。这个实现途径包括两个方面：一方面是“辛勤劳动”，另一方面是“相互帮助”。就“辛勤劳动”而言，这是邓小平同志在改革开放之初就讲过的“大政策”中包含的内容。他说，要鼓励一部分人通过辛勤努力先富起来、先富帮后富。我们在第一个问题中已有阐述。通过“辛勤劳动”致富，就是勤劳致富、创业致富、创新致富。这是坚持按劳分配为主体、多种分配方式并存的分配制度的必然要求。从三次分配的角度讲，通过“辛勤劳动”致富属于初次分配。就“相互帮助”而言，这是中华民族的传统美

① 《〈中共中央关于党的百年奋斗重大成就和历史经验的决议〉辅导读本》，人民出版社 2021 年版，第 290 页。

德；从分配角度讲，属于第三次分配。既要自己努力，又要互相帮助，这就是中国特色社会主义共同富裕的实现途径。

第三，是“普遍达到生活富裕富足、精神自信自强、环境宜居宜业、社会和谐和睦、公共服务普及普惠”的共同富裕。这里包含“普遍富裕”和“全面富裕”两层意思。就“普遍富裕”而言，是“全体人民共同富裕”，致富路上一个也不落下。就“全面富裕”而言，涵盖物质生活、精神生活、环境建设、社会建设、公共服务五个方面。物质生活方面，不仅要富裕，而且要富足；精神生活方面，不仅要自信，而且要自强；环境建设方面，不仅要宜居，而且要宜业；社会建设方面，不仅要促进和谐，而且要促进和睦；公共服务方面，不仅要普及，而且要普惠。通过五个方面的努力，使全体人民的获得感、幸福感、安全感更加充实、更有保障、更可持续。这五个方面，是中国特色社会主义共同富裕的基本内容。

第四，是“实现人的全面发展和社会全面进步”的共同富裕。这里包含“人的全面发展”和“社会全面进步”两个方面，是从个人和社会两个角度讲的。就“人的全面发展”而言，既包含一般意义的德、智、体、美、劳诸方面的发展，更包含马克思主义关于人的全面发展学说所阐述的丰富内容。马克思在《资本论》中认为，未来社会是比资本主义“更高级的、以每个人的全面而自由的发展为基本原则的社会形式”。[①]江泽民同志在纪念中国共产党成立80周年大会上的讲话中说：“共产主义社会，将是物质财富极大丰富，人民精神境界极大提高，每个人自由而全面发展的社会。”[②]我们是最低纲领和最高纲领的统一论者。我们现在促进“人的全面发展”，是朝着未来社会“每个人自由而全面发展”的方向努力的。就“社会全面进步”而言，包括经济建设、政治建设、文化建设、社会建设、生态文明建设“五位一体”全面推进、全面进步，是比“全面富裕”更丰富的要求。实现“人的全面发展”和“社会全面进步”，是中国特色社会主义共同富裕的努力方向。

第五，是“共享改革发展成果和幸福美好生活”的共同富裕。这里包含“共享改革发展成果”和“共享幸福美好生活”两个方面，是“我们所说的共同富裕”的落脚点和目的。就“共享改革发展成果”而言，我们改革和发展的根本目的是为人民谋利益、为人民谋幸福、为人民谋福利。我们党始终代表中国最广大人民根本利益，没有任何

① 《马克思恩格斯全集》第二十三卷，人民出版社1972年版，第649页。
② 《江泽民文选》第三卷，人民出版社2006年版，第293页。

自己特殊的利益，从来不代表任何利益集团、任何权势团体、任何特权阶层的利益，这是党立于不败之地的根本所在。我们党始终坚持全心全意为人民服务的根本宗旨，坚持党的群众路线，始终牢记江山就是人民、人民就是江山，坚持一切为了人民、一切依靠人民，坚持为人民执政、靠人民执政，坚持发展为了人民、发展依靠人民、发展成果由人民共享。就“共享幸福美好生活”而言，这是我们一切奋斗的根本目标。党中央强调，人民对美好生活的向往就是我们的奋斗目标。新时代，我们党把解决人民日益增长的美好生活需要和不平衡不充分的发展之间的矛盾作为主要任务。我们党始终保持同人民群众的血肉联系，站稳人民立场，坚持人民主体地位，尊重人民首创精神，践行以人民为中心的发展思想，维护社会公平正义，着力解决发展不平衡不充分问题和人民群众急难愁盼问题，不断实现好、维护好、发展好最广大人民根本利益，团结带领全国各族人民不断为美好生活而奋斗。因此，全体人民“共享改革发展成果和幸福美好生活”，是中国特色社会主义共同富裕的根本要义。

习近平总书记在纪念马克思诞辰200周年大会的讲话中强调：“当代中国的伟大社会变革，不是简单延续我国历史文化的母版，不是简单套用马克思主义经典作家设想的模板，不是其他国家社会主义实践的再版，也不是国外现代化发展的翻版。”[①] 这“四个不是”讲得十分深刻！

学习领会习近平总书记这段讲话精神，中国特色社会主义共同富裕也可以从“四个不是”的维度来定义。

第一，不是简单延续我国历史文化的共同富裕。我国历史上提出过“均贫富、等贵贱”，也描绘过“小康”社会、“大同”社会。我国历史文化对我国现今社会有深刻影响，但我们不能简单延续。我们所说的共同富裕，是中国特色社会主义共同富裕，是社会主义性质的共同富裕，不是别的什么主义的共同富裕。我们党是马克思主义执政党，坚持把马克思主义基本原理同中国具体实际相结合、同中华优秀传统文化相结合，用中国化时代化的马克思主义指导实践、指导共同富裕。

第二，不是简单套用马克思主义经典作家设想的共同富裕。我们党把马克思主义作为指导思想的理论基础，但不能简单套用马克思主义经典作家的设想来指导实践。这方面，我们走过弯路、受过挫折。1958 年，人民出版社出版《马克思恩格斯列宁斯大林论共产主义社会》，分 25 个专题，其中包括“消灭货币和实行产品交换问题”“生产品的分配和消费，‘各尽所能，各取所需’”“平等和平均

① 《习近平谈治国理政》第三卷，外文出版社 2020 年版，第 76 页。

问题”“生产公社、消费公社”等。该书“编者的话”写道：“在我国社会主义建设处于‘一天等于二十年’的大跃进形势之下，人们都不能不关心着我国将如何由社会主义社会逐步过渡到共产主义社会的问题。为了启发思考，展望未来的前景，我们就编辑了这样一本书来供大家学习和参考。”这本书发行量相当大，1958 年 8 月至 10 月印发 50 万册。[①] 一些基层干部读到此书，就不是“展望未来”，而是付诸实践，进行取消商品交换、兴办公共食堂、吃饭不要钱等各种“过渡”探索，造成严重后果。1958 年 11 月 9 日，毛泽东同志写了一封信，建议中央、省市自治区、地、县四级党委委员读两本书，一本是斯大林《苏联社会主义经济问题》，一本是《马克思恩格斯列宁斯大林论共产主义社会》。[②] 读书无疑十分必要，尤其是读马克思主义经典著作，学习马克思主义的立场、观点、方法，但不是将具体设想简单套用到实践中。《关于建国以来党的若干历史问题的决议》对 1958 年轻率发动“大跃进”运动、人民公社化运动等错误教训作了总结，[③] 我们应当牢牢

① 《马克思恩格斯列宁斯大林论共产主义社会》，人民出版社 1958 年版，目录、编者的话、版权页。

② 中共中央党史研究室：《中国共产党历史》第二卷（1949—1978）下册，中共党史出版社 2011 年版，第 564 页。

③ 中共中央文献研究室：《关于建国以来党的若干历史问题的决议注释本》，人民出版社 1983 年版，第 23 页。

记取，不能重走弯路，不能搞超越社会主义初级阶段的探索。

第三，不是照搬其他国家社会主义实践的共同富裕。新中国成立之初，社会主义怎么搞，我们没有经验，只能参考世界第一个社会主义国家苏联的实践。毛泽东同志在《十年总结》中说："前八年照抄外国的经验。"[①]1957年11月，毛泽东同志率团参加莫斯科会议。会议期间，苏联领导人提出用15年时间，在工农业最重要产品的产量、某几项工业产量方面赶上和超过美国；毛泽东同志提出，中国在15年后可能赶上或者超过英国。回国后，经过研究和论证，很快宣布15年内赶超英国的设想，提出"在钢铁和其他重要工业产品的产量方面赶上或者超过英国"，群众性大炼钢铁随之而起。[②]以发达国家作为经济发展的赶超目标，力争在尽可能短的时间内改变落后面貌，这种发奋图强的精神是值得肯定的，但单纯提高钢铁产量，违背客观经济规律，必然带来国民经济比例失调和严重损失。在推进社会主义建设过程中，苏联片面强调以发展重工业为主，实行单一的生产资料公有制，实行高度集中的指令

① 中共中央党史研究室：《中国共产党历史》第二卷（1949—1978）下册，中共党史出版社2011年版，第568页。

② 中共中央党史研究室：《中国共产党历史》第二卷（1949—1978）上册，中共党史出版社2011年版，第472页。

性计划经济等，对我国产生很大影响。改革开放以后，我们才废除僵化封闭体制，调整经济发展战略，消除“苏联模式”[①]影响，走出中国特色社会主义的正确道路，走出共同富裕的新路。

第四，不是共产主义高级阶段的共同富裕。我们对实现共产主义的长期性、艰巨性、复杂性曾经有过认识不足，出现过判断性错误。1958 年 8 月 29 日通过的《中共中央关于在农村建立人民公社问题的决议》（以下简称《决议》）认为，人民公社的分配制度虽然还是“按劳取酬”，并不是“各取所需”，“但是人民公社将是建成社会主义和逐步向共产主义过渡的最好的组织形式，它将发展成为未来共产主义社会的基层单位”。《决议》最后说：“看来，共产主义在我国的实现，已经不是什么遥远将来的事情了，我们应该积极地运用人民公社的形式，摸索出一条过渡到共产主义的具体途径。”[②]《决议》下达后，人民公社化运动迅速推向高潮。从 1958 年夏季开始，短短几个月，全国 74 万多个农业生产合作社改组成 2.6 万多个人民公社，

① 中共中央宣传部理论局：《世界社会主义五百年》（党员干部读本），党建读物出版社、学习出版社 2014 年版，第 102–111 页。
② 《当代中国农业合作化》编辑室：《建国以来农业合作化史料汇编》，中共党史出版社 1992 年版，第 495 页。

1.2 亿多农户入社，占全国农户 99% 以上。[①] 在人民公社化运动的浪潮中，刮起“共产风”，实行供给制，出现急于向共产主义过渡的倾向。河北省徐水县提出，1959 年基本建成社会主义并向共产主义过渡，1963 年进入共产主义社会，为此，将农民的家具等财产收归公有，在全县范围实行包下社员一切生活需要的供给制，并认为是“向共产主义‘各尽所能，各取所需’过渡的分配制度”。[②] 毛泽东同志很快发现问题，开始努力纠正。[③] 但问题没有得到彻底清除，在“文化大革命”又有发展，酿成十年内乱，使党、国家、人民遭到新中国成立以来最严重的挫折和损失，教训极其惨痛。[④]

邓小平同志曾经深刻指出：“我们共产党人的最高理想是实现共产主义，在不同历史阶段又有代表那个阶段最广大人民利益的奋斗纲领。”[⑤] 我国仍然处于并将长期处于社会主义初级阶段，仍然处于不发达阶段，仍然是世界最

---

① 中共中央文献研究室：《关于建国以来党的若干历史问题的决议注释本》，人民出版社 1983 年版，第 313 页。

② 中共中央党史研究室：《中国共产党历史》第二卷（1949—1978）上册，中共党史出版社 2011 年版，第 498-499 页。

③ 中共中央文献研究室：《毛泽东传（1949—1976）》（下），中央文献出版社 2003 年版，第 885-952 页。

④ 《〈中共中央关于党的百年奋斗重大成就和历史经验的决议〉辅导读本》，人民出版社 2021 年版，第 27 页。

⑤ 《邓小平文选》第三卷，人民出版社 1993 年版，第 190 页。

大的发展中国家，我们必须从实际出发，根据社会发展的现实确定现阶段的奋斗目标，坚持社会主义初级阶段基本路线，坚持社会主义初级阶段公有制为主体、多种所有制经济共同发展的基本经济制度和按劳分配为主体、多种分配方式并存的分配制度。即使到本世纪中叶把我国建成社会主义现代化强国，我们也要从当时的实际出发，确定新的阶段性目标，而不能超越社会主义发展阶段去干共产主义高级阶段才能干的事情，重走过去的弯路。

中国特色社会主义共同富裕是什么模样？我们可以从《嘉兴深化城乡统筹推动高质量发展建设共同富裕示范区的典范城市行动方案（2021—2025年）》来观察。嘉兴提出的愿景目标是：沿着习近平总书记指引的道路，以伟大建党精神、红船精神为引领，以持续深化统筹城乡发展为路径，以高质量发展为前提，以科技自立自强为支撑，全面融入长三角一体化发展，奋力建设共同富裕示范区的典范城市，走出一条具有嘉兴特色的共建共治共享共同富裕之路，在革命红船起航地率先展现共同富裕美好社会的基本图景，通过“嘉兴之窗”看到美好中国的未来、未来中国的美好。

嘉兴描绘的五大图景是：（1）蝶变跃升、富庶均衡的富裕图景。统筹推进高质量发展、竞争力提升和现代化先行，经济发展质效实现新跨越，效率与公平实现新平衡。全市域融入长三角一体化发展格局更加成熟，市域一体化发展和城乡融合发展格局基本形成，在缩小城乡差距、推动区域均衡发展上成为市域范例，构建全面提升、全域一体、全民富裕的发展格局。（2）生活和美、近悦远来的幸福图景。瞄准人民群众所忧所急所盼，构建全民共享、触手可及、健康可持续的“公共服务生活圈”，打造“幸福一‘嘉’人”民生优享品牌，实现“善育在嘉”“优学在嘉”“宜业在嘉”“健康在嘉”“颐养在嘉”“宜居在嘉”“温暖在嘉”“畅行在嘉”，形成与共同富裕美好社会相适应的公共服务优质共享格局。（3）红船领航、自信自强的文明图景。充分发挥红色根脉优势，红船精神成为引领全市人民在共同富裕道路上奋进的强大动力，共建美好嘉兴、共创美好生活的奋斗合力显著增强，社会风尚和人的文明程度全面提升，“此心安处是吾‘嘉’”的城市归属感和文化认同感普遍形成。人文璀璨、风华绝代的城市文化古今辉映，文化嘉兴竞争力、知名度、影响力进一步提升。（4）秀水泱泱、韵味江南的美丽图景。深入践行绿水青山就是金山银山理念，生态文明建设全方位深化，形成环境保护、资源节约与经济增长、社会发展有机统一的绿色低碳循环发展格局。美丽城市、美丽城镇、美丽乡村、美丽田园相映生辉，绘就“一步一景、一村一韵、一镇一风情、一城一画卷”的全域大花园，建成蓝天常在、绿水长流、鱼翔浅底、繁星闪烁的江南美窗口。（5）现代智慧、充满活力的和谐图景。统筹推动数字化改革和共同富裕，构建数字化时代社会关系的新规则新政策新机制，建立与共同富裕美好社会相适应的社会治理体系和治理能力，形成系统完备、科学规范、运行有效的大城市治理格局，实现发展和安全、富民和安民有机统一，构建放心、安心、舒心的社会环境，打造最安全、最公平、最具韧性和活力的城市。

《中共中央关于党的百年奋斗重大成就和历史经验的决议》（以下简称《决议》）提出“促进共同富裕”“协同推进人民富裕、国家强盛、中国美丽”，我们要认真学习领会，不断把“中国特色社会主义共同富裕”推向前进。《决议》强调：全党必须坚持马克思列宁主义、毛泽东思想、邓小平理论、“三个代表”重要思想、科学发展观，全面贯彻习近平新时代中国特色社会主义思想，用马克思主义的立场、观点、方法观察时代、把握时代、引领时代，不断深化对共产党执政规律、社会主义建设规律、人类社会发展规律的认识。必须坚持党的基本理论、基本路线、基本方略，增强“四个意识”，坚定“四个自信”，做到“两个维护”，坚持系统观念，统筹推进“五位一体”总体布局，协调推进“四个全面”战略布局，立足新发展阶段、贯彻新发展理念、构建新发展格局、推动高质量发展，全面深化改革开放，促进共同富裕，推进科技自立自强，发展全过程人民民主，保证人民当家作主，坚持全面依法治国，坚持社会主义核心价值体系，坚持在发展中保障和改善民生，坚持人与自然和谐共生，统筹发展和安全，加快国防和军队现代化，协同推进人民富裕、国家强盛、中国美丽。[1]

① 《〈中共中央关于党的百年奋斗重大成就和历史经验的决议〉辅导读本》，人民出版社2021年版，第81页。